U0566317

〔德〕路德维希·封·巴尔　著

严岩　译

谢晓川　校

莎夫茨伯里的哲学

近代早期的世界理性形构

商务印书馆

创于1897

The Commercial Press

Ludwig von Bar

**Die Philosophie Shaftesbury's im Gefüge der mundanen Vernunft
der frühen Neuzeit Epistemata Philosophie**

中文版代序 *

　　承蒙戴晖女士所在的哲学系的邀请，我和我的太太有机会来到中国，可以对在座诸位开讲，这给我们带来了极大的欢悦。衷心地感谢上海交通大学精裕人文基金董事长施永敏先生对此行的支持！

　　怀着对贺伯特·博德（Heribert Boeder）先生，我们亲爱的导师的尊敬、感激与爱戴，我们聚在一起，只可惜故人不再，已于去年辞世。

　　他教导我们，区分智慧和哲学，在它们各自当中做出区分，并且不在一个接连不断的发展进程中，即不在连续性中看待西方思想史，而是在根本性的诸多断裂中认识它，每一个断裂意味着完满和新的开端。因此，他把西方思想史划分成几个重要时期：古希腊时期、基督教时期以及资产阶级（公民）时期。每个时期呈现出不同的智慧形态和哲学理性形态。博德先生又将理性形态划分成自然理性、世界理性和概念把握的理性（die natürliche, weltliche und die conzeptuale Vernunft）。

　　西方思想史中群星璀璨，我将向诸君介绍其中举足轻重的三

---

　　* 原为本书作者 2014 年在上海交通大学的讲稿。——译者

位，他们决定性地规定了欧洲近代早期的世界之思，这种思与中世纪基督教思想相决裂。三位都来自英国，并且可以明确归入世界理性形态。他们根本上关心的是：创造一个和平、有序、和善的共同体所需的基本条件，在这个共同体中公民能够享受他们的生活。

博德的理性关系建筑学让我们认识到，西方思想史中的所有理性形态，世界性资产阶级的理性形态也一样，如何在三体合一的构造中，每一个位置与各自的其他位置相扣，达到完全成熟。霍布斯、洛克和莎夫茨伯里构成了近代早期的世界性资产阶级理性形态。霍布斯开启，洛克居中，莎夫茨伯里完结。

我正打算向诸位展示这三位构成的完整形态，而重点放在莎夫茨伯里这儿。

霍布斯的思想确立了怎样一个全新的开端？这里先点出另外一个人，他的邻居，莱布尼茨，属于另一种理性形态，即自然理性（die natürliche Vernunft）。莱布尼茨这里，万有取决于一个原理，也就是取决于这样一种思想，认为上帝决定了万有优于别样。而且这个原理必须由哲学提供真实客观的根据。普遍的和谐作为原理遍及万有。正是上帝的"权衡"（perser）使得现存的万有优于别样的万有；我们拥有自由去思量，为何上帝让现存的万有优于别样的万有。这是理智之信仰的典范，而非知（das Wissen）的典范，显然知不可能如此。对于人来说，这意味着顺应于自身的规定。该信仰可加以论证。得出的结论是，我们居住在最好的世界之中。这个世界中的一切错误和滥用并不影响上面的结论。此神性判断是一切人类信心的根基。

请允许我做一个旁注：骇人听闻的犹太人大屠杀之后，一个问题在德国反复被提起："上帝为何允许这件事发生?"教堂里的善男信女们一再回答："这完全晦暗而不可知。"或者甚至像法国哲学家德里达所说的："上帝是恶的。"

莱布尼茨会**丝毫**不理解这样的问题，而我将要报告的这个人也会如此。

这样一种原理对莱布尼茨有效，而近代早期的世界性的思却与之相决裂。它并不满足于顺应某个东西，准确地说，顺应最好世界中的生活。因为霍布斯所处的经验是内战和由此引发的人类苦难，令人骇然。所以，需要按照人性的利益来塑造政治行动，使之可控。这里我们碰到资产阶级公民思想的基本特征。它旨在按照人性的利益来构建私人和公共生活，符合人性，对于每个单个的人（jede Einzelne）即个体（individuell）是一样的。把这样一种秩序以思想的方式创造进共同体中，正是霍布斯、洛克和莎夫茨伯里所确立的任务。不过他们的侧重点有所不同。

霍　布　斯

因为关键是思想的开端，我将简要区分两种开端，一种是笛卡尔作为开端，同莱布尼茨一样，属于自然理性形态，一种是霍布斯作为开端，属于世界理性形态（Gestalt der weltlichen Vernunfe）。

霍布斯开始于对一件事（Sache）的考量，对物体（corpus）的考量，因而完全不同于笛卡尔，后者开始于对精神（mens）的思考。笛卡尔将万有的完全内化理解为精神的产物，而霍布斯则解释万物的彻底外化。对于他来说有效的是：人总是已经在世界性地思考，不受任何原理的先行赋予。

霍布斯在《论物体》、《论人》、《论公民》这样的顺序中划分了他的开端。

首先，物体被设想为自然的，一如它对感官（sense）开放。因此，不考虑物体的本质，就像物体貌似预先受到规定一样。重要的只是显现的属性，或者倒不如说：属性的关系；这里是它们数学的关系。可以逻辑地研究它们，这是说，可以对它们进行计算，加、减、乘、除、建立关联、进行推导，等等。计算使得思可以支配和控制，这对通过普遍性来接受思想是决定性的。

这实际上是资产阶级公民之思的开端的核心思想：接受普遍性，再度将个体的意见提升到决定性的位置。

霍布斯十分关注物体，这并不意味着可以称他为唯物论者。因为他不把物体作为物质加以研究，而是逻辑地研究它。他将物体具体化为符号，就像他说的，作为"小物体"（Körperchen），并且创立了符号学说。为了推理并得出结论地思考，必须准确地加工它们，意思是，必须精确地定义它们。因此，他进行了广泛的研究，赋予有助于完成其任务的每个词语一个确定的意义，这个意义是他认为可以普遍使用并且普遍可接受的。值得注意的是，对于每一个词语，他称之为"词汇"（vocabular），给它一个特定的意义，意味着名称的解释，而非"概念的把握"。名称的解释对于自然物体和相应的运动分析是必不可少的。

依照这种认识方式，主导的概念（Leitbild）并非实体，他关心的仅仅是在力量游戏中显现的作用。"词汇"并不像在圣经中那样被设定为神性的，而是被设定为人性的。可随时使用它们以达到对

中文版代序 _v_

万物的理解。基于圣经的神学失却了它的优先性。与之相对，霍布斯假定了一个虚无，就像洛克之后表述为一张白纸。霍布斯的思，作为世界性的思开始于所谓的零。他自由地给思想确立了一个新的开端，并相应地发展。并不是思想取消了上帝，而是上帝将在后面融进一个完整的世界之思的发展进程中。上帝被工具化了。这展现了在与上帝的关系中颠覆性的创新之处。霍布斯完全世界性地思考与上帝的关系，在于控制人的需求，并且仅仅为了巩固人的需求而借助于上帝。并非人服务于上帝，而是为了巩固一个人性的-世界性的创造，上帝服务于对这一点的实现。肇始者不再是上帝，而是人。

现在我将缩短思想的进程。

霍布斯这样发展物体的思想，从自然的物体到人工的物体，从自然的人到他在人格、在人工的人中的多重展开。人在人格中活动，实现一个脱离并区别其自然性的使命，带着由之产生的义务，比如说作为国家要员、法官或公务员。这里已经预示出作为公民的人的人工性。

在《论物体》中，霍布斯让自然物体理性化，他使得物体在小物体中，在物体的符号中数学化和逻辑化。利用小物体，就像说过的那样，可以计算，以思的方式创造。在第二部分《论人》中，霍布斯研究认识的客体化（Vergegenständlichung）。这里整个感性是主题，首先分析小物体的显现，然后是知觉。决定性的是对人的知觉开放的东西，而非对圣经的解释。

在计划的第三部分，霍布斯抵达真正的对象：一个国家的公民，不再是单纯意义上的人。

人对所有物的欲望永无止境：总是想要更多。这是为了使生活得到保障。因而每个人的自然权利要求征服和奴役他人。这将导致一切人反对一切人的战争。所以人依靠与他人缔结条约，但是必须放弃对一切的自然权利。如此便造就一个人工的法状态。随着契约中所允诺的成效兑现，人变成公民（cive）。

因为不是所有人——而且并非完全——依法行事，所以需要一个暴力，它能够"用剑"贯彻实施由法律所规定的关系。

这样，霍布斯思想的第一个部分或者关系项，也就是作为物体的事完成了。

第二个关系项，尺度（Maβgabe），在于什么对保障人的权利具有规定性。霍布斯着手研究人在作为政治共同体（corpus politicum）的契约状态中，以及在建立国家中的相互关系，并且在"利维坦"中将共同体国家（Commonwealth）的本质及其暴力（统治）作为主题。国家的判断如同指挥官的命令。它应该在契约的基础上维护法状态，也就是保护公民的私有财产。

最后的关系项，思（Denken）关系项，对公民要求恭顺的思。统治者享有一切权限。但统治者是依照个体意志而被让予一切权限的。这一点值得注意。因此，个体可以罢免君主，正如霍布斯在历史上亲身经验到的那样。

众所周知，英王查理一世甚至上了断头台。

此前的国王所行使的自然权力被打破了，那自然权力也并非霍布斯所愿；国王引证神性的权力同样如此。这个观点也导致了霍布斯不得不二十年流亡法国。国王若由民众选举出来，或许还能拥有权力。结果便是：每个公民有权参与帝国事务。仅在这些条件下，公民才真正地自由。

洛　克

在洛克这里，世界理性接受了一个新的任务。

但在他这里清楚可见一个关系项次序的变化。我们在霍布斯那里看到的顺序是：事（Sache）—尺度（Maβgabe）—思（Denken）。在洛克这里，关系项顺序是：思—事—尺度。他接过霍布斯结束位置的思。霍布斯关心恭顺的思。

洛克在其开端把思变为**理解**的对象，这个思随后规定了其思想的进一步发展。

和在传统中直接开始于一个最高理念不同，洛克开始于在**复数**中的观念，开始于观念的多样性。他排除了第一理念，即单个原理的唯一性。这样，诸多理念以及思也就变成空的，脱离任何预先规定、任何宗教因而被自由的思考。这是一个颠覆性的崭新开端，它改变了思的整个世界。洛克不仅抛却了作为把握诸原理之能力的理性，而且抛却了知性或理解的范本。只可能通过经验获得理解。也就是说借助于自我观察，不考虑任何原始的准绳。只有感性经验作数。由此，洛克完全跟随霍布斯。但在其工作的开端，洛克的思想凭借思开启了不同的思想进程。

在这第一步中，洛克把思解释为理解的思。接下来是理性的意图：即鉴于"一个资产阶级统治的真实起源，范围和目的"而具有创造性。

知性，或者不如说知性判断，对于知性的持久改善是开放的。

跟在霍布斯那里一样，洛克关心公民间的相互理解和达成统一意见的可能性，这样，他人的意见必须保持为有效的。在这个关联中，洛克特别想到宽容的思想。对于思来说，宗教不再是前提条件，霍布斯那里也一样。人可以对上帝拥有不同的见解和观念。所以人有义务对不同的上帝观念保持宽容。洛克因而反对任何一种胆敢不顾一切或然性而去信仰的宗教狂热。

谈论"诸意见"，谈的并不是任一种意见，而是算得了数的意见，可以理解的意见。洛克所分析的正是这样的意见。为此需要经验的秩序，将经验编织成一个有序的整体。这里人变得具有创造性。此外必须考虑："什么在我的力量之中？"不过，只有行动的人才如此发问。只有这样的人才是自由的。但是人并不满足于其所是。这激起人的欲望，确切地说，在"对幸福的追求中"的欲望。这样的人并不自由，而只有那些创造性地思考的人才是自由的。这是资产阶级公民社会的基石。说的并不是人和理所当然加以承认的人的权利，就像当今流行的那样，说的是人应该如何区别于动物。人仅在这里是自由的。不同于动物，人能够改变令他不快（disagreeable）的一切。资产阶级的人想要摆脱诸多不快，因而不断受到意志的驱使而去改变。

"保藏万物"，恰恰同处于创建时期的社会的思想相反。安息于创世的神话中，这完全是非资产阶级的情形。

敬畏上帝将全然为私人之事。公民自我设想：我要实现什么？有效的不再是对诸观念的陈旧理解（Verständnis），即传统的陈旧理解，这个传统由如下思想规定："一直就有并持存的东西为真。"这里与传统之思的决裂清晰可见。

服务于相互理解（Verständigung）的诸语词，也不再依赖于传统的观念。其意义不再取决于先天赋予的观念。所以也不再有"真""假"之分，而只有一种确定性，这种确定性不是绝对的确定性，而仅仅是概然性（Wahrscheinlichkeit）。这种"真理"，基于我们理解的"真理"，或者说概然性，总是一再可变的。

为此却首先需要我们记忆中迄今确定了了，明断了的（真理）。洛克谈论"命题"（propositions），只谈"命题"的真实性。诸科学的进展也以此为基础。洛克将科学划分成三个分支，一个是 physica（诸自然科学，自然规律一样都是见解），第二个是 practica（相应于人之行动的诸科学），最后一个是符号学（这门学说关涉我们言谈中的符号的意义，言谈是代替了神学的言谈）。

思之后是事。洛克在文章《人类理解论》中把普遍福祉和个体的自我保存提升为人类认识的目标。在第二篇《政府论》的序言中，他相应地把有待构建的政治权力定义为一种法制（Recht），为规范和保护私有财产而创立并执行法律条例，保卫国家不受外来非正义的侵害，不过仅仅是为了公共福祉的利益。

洛克从所谓的自然法状态出发，此时公共的权威尚且没有权力。在自然状态中，人们享有无尽的自由支配其人格和所有物，也就是说，不受制于他人的意志。因为只有对和平的义务，这是所有人在法的面前平等的状态。在自然状态中，每个人是他自身人格的所有者，也是其身体劳动和大地本身的所有者。

这里，个体的劳动做出怎样的区分？它取消了公共的财产权利。某人劳动所获就是应得的私有财产。然而，在收成中只有他以自然的方式能够使用和消耗的那么多是他有权利占有的私有财产。

随着金钱的引入，每个人都可以积攒他使用和消耗所必需的、甚至更多的财富。金钱的好处在于，它不像自然产物那样会腐烂。自然的私有财产关系因此发生改变。在法的关系上产生争执。因此必须限制个体的权力，从而维护法的关系。于是，洛克把立法作为最高权力同行政区别开来。"人工的人"的思想在这里再度得到巩固，不过发生了决定性的变化，即国家暴力不再同君主的人格及其后代绑在一起。这里法制呈现出新的品级，它排除了绝对君主制，并且也将一个没有限制的恭顺义务排除在外，后者曾在霍布斯那里是根本性的。公民有权利在一切领域对统治做出自己的判断。公民只对由他们选出的代表所确立的那些法规有义务。但是他们可以反对和罢免这些代表。不再是只有君主的判断作数，公民也可以使自己的判断有效。

洛克理性关系（Ratio）的第三个关系项是尺度。最终应该由基督教来保障私有财产关系。这里也像在霍布斯那里一样，基督教作为工具服务于一个目的，即巩固完全世界性的思想。但是，洛克给理解设定了一个界限。也就是说，上帝不存在，这无法理解。这样想，即认为没有上帝，使理解不可能。由此排除了无神论。这对国家宽容的思想具有决定性的意义。显然，宽容在应当崇敬的最高本质的思想中找到其根据。国家的宽容唯独在这里结束。

"神如此真实地助佑我"，这句话在今天依然可以添加到宣誓中，但国家却不是在基督教的意义上来容纳这句话，而只是在作为最高本质的神性的意义上，这句话支撑着资产阶级共同体的至高关怀，即"对幸福的追求"（the persuit of happiness）。这个幸福的前提是保障公民自由和私有财产。

洛克的思想到此为止。

莎夫茨伯里

他的思想建筑可以展开为一个再度变更了的关系项次序：尺度、思、事。

在其思想建筑的第一个关系项中，即在尺度中，莎夫茨伯里接过洛克结束了的主题，也就是宗教主题。但是他完全改变了这个主题。

洛克仍采用新约中的内容来巩固他的保护公民私有财产的思想，与之相对，莎夫茨伯里为一个全新的宗教奠定基础，这里被思考为世界性的宗教。说的不再是基督教的上帝，而是首先在抽象普遍的意义上的"神性"。基督教还仅仅显示为某种特殊的东西，也就是具有文化特殊性的东西。严格普遍的所在是普遍的神性。它是最高本质，不再是某个特定的神，而是一种使世界有序和美的力量。

莎夫茨伯里在神性的观念这里与"意见"（opinio）联系在一起。并非解释"谁是上帝"，而是说明"人们把上帝称作什么"。我们看到，同洛克与霍布斯一样，莎夫茨伯里也赋予"意见"至关重要的意义，只不过在另一个位置上：在莎夫茨伯里这里甚至变成在对具有决定性的神性的观念这个位置上。

所以，莎夫茨伯里从对具有决定性的神性的意见出发，并且阐明神性本质的理性（Vernünftigkeit）。

洛克还曾将神性用作其思想的辅佐工具。莎夫茨伯里如果承认而不是简单地假定神性是基督教的，那么他的意图就不会具有创造性。他打算深入人的世界，人的说服与信念以及必要的一致意见，创造性在这个意义上。他必须以新的方式谈论神性，他将神性纳入一个独特的、崭新的理性形态之中；显然，思想必须是清楚明白的，完全不同于旧约和新约，莎夫茨伯里认为后者的文本含义过多而不清楚明白。

那么，莎夫茨伯里从何种意见出发，从而阐明神性本质的理性？他断言：如果上帝是起因并且是理性的，那么理性也支配他所创造的世界。神性的品质展现在它的映照中、在自然中。自然又反过来呈现为，它通过神性的法规驻留于和谐与秩序、对称与比例之中。它的单纯与秩序的美激发人的赞叹。为自然所激励，人打开了自身的使命，在相互关系中教养自身与"世界的统治者"——他称之为"大一"（Great-One）——相齐同，想说的是：恰恰在共同体的实现上面，表现为人性的共同体的实现。

搞清楚这一点：肇始之神不仅仅是最高本质，好像某种只可以凝神观照的本质那样，而是一种具有创造性的本质，它创立秩序。我们赞叹表达慈善的创造之美。

莎夫茨伯里坚定地认为"一切都是好的"，这跟我们今天反复听到的还包括在艺术中呈现的"所是，是坏的"这种观念截然相反。值得注意的是，在莎夫茨伯里这儿，向我们显现为坏的东西也是好的。不！整个创造都是好的！

关于世界整体之美和秩序的观念，是有待人构建的社会或共同体的典范，这个共同体跟霍布斯思想中的国家形体不一样。

有个危险一再威胁莎夫茨伯里的这个愿景。这个危险是宗教，倾向于激情与狂热的宗教。莎夫茨伯里强调：在世界性的政治的方面，关键不在于使这个或那个宗教有效，而是承认一个最高本质，并且基于其可以认识的秩序，成为具有创造性的，在每一个美德中发挥作用。

与这个尺度直接相应的是在对话环节中的思。这完全不同于在笛卡尔那里的思，笛卡尔在"沉思冥想"（meditations）、在孤独中把握思想。莎夫茨伯里这里却是对话。对话伙伴才情一致，自由地抒发己见。

莎夫茨伯里设想了"俱乐部之自由"（liberty of the club）。俱乐部是进行对话的适宜场所。在对话中，人应该学习放弃自私的兴趣，学习倾听，甚至必须做好自己的意见遭到嘲笑的准备；不过是在开玩笑意义上的嘲笑，切不可带有伤害的意图。交谈时在"尊重，仁慈和友善"中赞赏他人，这将易于达成统一意见。

人在俱乐部中找到自由表达的条件。在不压迫他人而是给他人表达自由的社交中，对话伙伴（的身份）微不足道。重要的不是**谁**说过什么，而是某人说了**什么**。那么，如同我们亲爱的导师博德先生用希腊语说的那样，这要求"审慎"（epochae），说得是在谈话中的节制。这个思想规定着博德先生的整个生命和整个工作。他自始至终如此，为的是胜任传统与当下的思。对话中的节制，我们知道，不容易。因为，人喜欢谈论自己，不管别人感不感兴趣。

于是在第二步中，思经受自我检验，确切地说，是以自我对话的方式。因此，莎夫茨伯里把相关的作品命名为"独白"（Soliloquy）。关于自身情绪的控制。人在"坏的情绪"中无法达到可靠的和好的判断。

我们人确实亲身经验到，我们若处在"好的情绪"中，就更容易放下自己的利益。显然，在"好的情绪"中，不如说在"最好的情绪"中，我们摆脱了怀疑和恐惧，不受欲望的纠缠，而欲望，就像我所引用的那样，"同我们玩足球"。这样的情绪状态让我们的思与神相近。在好的情绪中人会问："为了什么我在这里？"这将促使人从对个人福利的思虑中跳脱出来，而进一步思考公共福祉（Commonwealth）。

第三，人遇到这样的危险，即不坚持自己的判断。所以，人必须自我说服，忠实于自己的判断，并且不受制于他的心情和幻想。接纳所言（die Annahme des Gesagten），由此产生信赖。它通过诗的创造（Dichtung），也就是借助于诗的言辞而来。这个言辞必定摄住心灵，这是说，言辞鉴于人的现实性在义与不义的区分中开显自身。人只有在自身善的时候，才可能拥有对慈善的概念。而这将促使人为了"自由和人性"而行动。

人培养自身与自然秩序相齐一所应当完成的事，是"儒雅之士"（Virtuoso），他是世界公民，通过人的人性的教养标识出自身。他不同于只能情绪化行动的生命。这里人与动物的区分再度成为主题，人有能力反思感知觉，并且辨别它们是否对一件善业有益。而善业是：为普遍福祉而行动。为此需要美德的持续锻炼和由此养成的美好情思。只有精神本身帮助完成这件事。精神向其自身的某个形态攀升，由此排除一切丑陋和畸形的东西。精神有能力自行攀升并超越自身而生长。正是这标识出"真正优雅的绅士"。他遍观世界，并非是茅庐中孤独的思想者，而是也在陌生者中学习，"学习社会中何者为正义，自然中何者为美，并且学习世界的秩序"。这里，自我教养的我是公民的我，我作为绅士，在持续不断的教养中看待自己。他只注重符合其趣味的东西，而非他偶然碰到的东西。

莎夫茨伯里生动形象地描述了他对人的自我教养的要求。他以花园为例。最重要的工具是剪刀。用它裁剪植物的自然生长，加以持久而温柔的关照，从而使它们获得新生，不过是长成与人规定和构造的形式相匹配的样子。英国乡村花园便以这个思想为根据。这个形式也包含在理性的自然秩序之中。必须把它发掘出来。这也适用于应该教养自身为真正优雅之绅士的人，同样在对自己温柔亲切的照料之中，始终带着象征性的剪刀，裁剪自私自利的激情，这些激情易倾向于无节制、无形式地生长。

绅士在"功德"（merit）中找到对自身的认可与赞赏。"功德"是美德结的果实。美德回报自身。但是除了善自身对自身的享受，觉悟到应得的社会尊重和赞赏也产生"功德"。

人对自身的工作最终完善为对祖国的爱，宪法和文雅共同体的共同纽带。通过学习榜样，学习在品级上是"欧洲第一民族"，即古希腊民族，获得这个共同纽带。必定在各个特殊的"祖国"中产生对人的创造的具体化，这个创造旨在培养政治家意义上的绅士。莎夫茨伯里不像霍布斯那样只考虑英国。

但并不只是不亚于古希腊文化，而是赶超这个榜样。这个愿景，从最开始便是近代西方思想的动因。

没有人会想不到把霍布斯和洛克称作"国家-哲学家"。相反，在欧洲，如果我可以这样说的话，人们却把莎夫茨伯里放在美学的"角落"里：一位文思隽永的作家。他的作品确实触动人心。阅读他的作品是一种享受。然而，我确信，必须把莎夫茨伯里作为一位哲学家放在与霍布斯和洛克同等的位置。这三位共同理解并表达了具有英国特色的自由资产阶级共同体的完整纲要。这个纲要建立在三个根本的基石之上：第一，享受外在和内在的和平；第二，公民享受平和的需求，具体说是对人格和物质保障的需求；最后，享受承诺秩序和稳定的自由而文雅的社会，这个社会着眼于统一意见而建立。

目 录

德文版序言

安东尼·阿什利·库伯，第三代莎夫茨伯里伯爵的著作，自 18 世纪至今，在英国，也在法国和德国，引起了不同的兴趣。

在英国，他的文集首次出版后便迅速流行。约二十年间，《特征》① 出版了五次。哈奇森、蒲柏和汤姆森属于莎夫茨伯里的追慕者，老贝克莱、伯纳德·曼德维尔，特别是休谟则在批评者一列。

在法国，莎夫茨伯里也得到阅读和重视。伏尔泰和狄德罗受到他的影响。孟德斯鸠视他为历史上最伟大的四位诗人之一，同柏拉图、蒙田和马勒布朗士齐名。斯达尔夫人曾赞誉他"以罕见的洞察力研究了我们理智的诸行动"②。

他的著作影响最强的却是在德国，这里首先要提到的是在思想位置上与其相邻的莱布尼茨。莱布尼茨在对《特征》的评论中承认："我在这儿（在《道德家》中）首先发现了几乎我所有的神正论，它的表达形式更令人愉悦……一微尘一世界，它的美，它普遍的和谐，现实的恶的展开，尤其在与整体的关系中……在这里以最出色的方式得到了揭示……我要是在《神正论》出版之前看到这部作品，必

---

① 指莎夫茨伯里的著作《人、举止、意见和时代的特征》(Characteristics of Men, Manners, Opinions, Times)，简称《特征》。——译者

② 〔法〕斯塔尔夫人：《论德意志》，法兰克福，1985 年，第 512 页。

然会从中受益，并会援引更大篇幅的段落。"①

　　康德在其"1765/1766 年冬季学期课程安排"中推荐了"莎夫茨伯里、哈奇森和休谟的尝试，它们尽管不完善、有缺陷，但仍然最大程度上成功地探寻了一切道德教化的第一根据"②。赫尔德十分尊崇他的哲学，将其评价为"社交和生活的艺术"，以至于认为他"比贺拉斯还要有智慧"③。

　　对于维兰德，他是"所有新近作家中最可爱的一位"，维兰德将其自我教养中的很大一部分归功于他。席勒曾打算翻译莎夫茨伯里的作品。莱辛称他为"自由的世界智者"④。

　　在公民时代的结束时期，莎夫茨伯里的思想失去了反响。黑格尔就已不在其哲学史讲座中提及他的名字。1790 至 1870 年间英国未再版《特征》，在德国，最后翻译这部作品是在 1766 至 1779 年间。

　　约 19 世纪末，人们又开始回头关注莎夫茨伯里的作品，这种兴趣更加强烈。1870 至 1920 年间，他的作品在英国全部再版，德国也重新出版了他的部分著作，而对莎夫茨伯里的研究也活跃了起来。威廉·狄尔泰（Wilhelm Dilthey）和奥斯卡·瓦尔策（Oskar Walzel）十分赞赏莎夫茨伯里的成就。在英国尤其要提到吉伯特·赖尔，他

---

　　① 〔德〕戈特弗里德·威廉·莱布尼茨："对莎夫茨伯里伯爵先生著作的评断"，收于《哲学、自然宗教、历史、数学的片断汇编》，莱布尼茨先生、克拉克、牛顿及其他名作者著，由皮埃尔·德·麦佐出版，阿姆斯特丹，1720 年，第 349 页及以下。

　　② 〔德〕伊曼努尔·康德："1765/1766 年冬季学期课程安排通知"，《康德全集》（第二卷），柏林，1912 年，第 303 至 314 页。此处引文：第 311 页。

　　③ 〔德〕约翰·哥特弗里德·赫尔德：《阿德剌斯特亚》，收于《赫尔德著作集》，第十卷，法兰克福，2000 年，第 946 页。

　　④ 〔德〕克里斯多夫·马丁·维兰德："对赫尔德《阿德剌斯特亚》的评论"，收于《新德意志通讯》，1803 年。

在作品"简·奥斯汀和道德学家们"①中认为，对于简·奥斯汀小说来说，自由的社交是其思想上的先行赋予，准确地说，这种自由社交所具有的规定性是由莎夫茨伯里预先规定并赠予的。

特别是在19世纪的德国，莎夫茨伯里的作品受到了许多人的推崇；对他的兴趣首先是美学的。实际上，对他的哲学研究不如说是边缘性的。狄尔泰也是后来仅就他的美学兴趣吸收了莎夫茨伯里的思想。在德国处于边缘的不只是对莎夫茨伯里的研究，也包括对霍布斯和洛克的研究。笛卡尔和莱布尼茨受到了多得多的重视。对此，胡塞尔是一个典型的范例。如果说洛克的诸观念在他那里获得了某种程度的关注，那么笛卡尔对他来说则具有更为重要的地位。

在这一切之后，能够有何种理由在21世纪之初来重新研究莎夫茨伯里呢？尤其是人们认为已经明确地看清了他对哲学史的贡献力度和特点②。

如果考察新近和当下的研究是在何种视角下讨论莎夫茨伯里的作品，我们将注意到，这些研究根本上是由如下兴趣决定的。

一个是历史学的兴趣，它旨在研究影响，比方说，莎夫茨伯里是否受到了新柏拉图主义者的影响，他是不是近代的斯多葛主义者，或者伦理学领域的革新者。探究这些问题，不是本研究的目的，因为这种研究会局限于假定莎夫茨伯里的思想大致类似于所谓的

---

① 〔英〕吉伯特·赖尔："简·奥斯汀和道德学家们"，收于他的《论文集Ⅰ》，伦敦，1971年，第276至291页。

② 〔德〕艾尔文·沃尔夫：《莎夫茨伯里及其对十八世纪英国文学的意义》，图宾根，1960年，第3页。

新柏拉图主义者的思想，从而在语词的使用上寻根溯源，只会发现它们的相似性。这里愿以柏拉图的话作为警示，思想最大的危险莫过于相似性。(《智者篇》231a6)因此本研究不去研究影响，因为影响是可以一直持续而永无止境的。影响仅仅导致对前人，以及前人之前人的探寻。

XI　　　接下来我们发现一种兴趣，也就是选取业已完满的思想的个别方面，让这些个别方面适应当今的思想，同时批评莎夫茨伯里的思想。和推荐人们在莎夫茨伯里的精神中生活的做法一样，这种兴趣表现出的是收效甚微的冒失之举①。从某个方面延续以往的思想是没有根据的，并且徒劳无功，原因在于莎夫茨伯里的位置不能成为我们的现实。之所以如此，是因为无序之思(das anarchische Denken)②已经明确摒弃了任何理性之思，因而不再认为自己处于任何一种神性规定之下。与莎夫茨伯里毗邻的历史位置则仍然承认神性规定，莎夫茨伯里经受了他们的批评，特别是休谟，还有贝克莱的批评。相反，今天的批评则无关紧要，当时之思与今日之思有着"天壤之别"。

　　　因此现有的工作，不是要去"利用"莎夫茨伯里的思想，通过突出这部或那部作品，这个或那个思想，以满足今日之需与偏好。也不打算存所谓好古之心去考察他的思想。

　　　如果不问"我们今人是否可以对他的思想在辨别中加以思考?"，尽管这可能令人轻松愉快，却只会使它遭到封藏，一去无返。

---

　　① 〔德〕卡尔·沃尔夫:《莎夫茨伯里，道德家们》，耶拿，1910 年，第 XLVI 页。
　　② 即后现代之思。——校者

因而出现了研究活动自身所处的视野问题。为了说明这一视野，我们要记得，在莎夫茨伯里之后，人们就已经试图在整体上将他的哲学展现为一个体系。可以作为典范的是吉齐基（Gizycki）1876 年的著作《莎夫茨伯里的哲学》，它值得人们阅读和重视。吉齐基在研究的开端也澄清了决定其研究之路的出发点。在下述引文中可以清楚看到其研究进路的可靠性和清晰性："尽管描述者[①]尽可能地撇开了所有评论，单纯地陈述一个哲学体系仍在根本上受到描述者的立场影响。……显然，每个判断、每个价值评价，都以尺度和标准为前提，后者视情况而定，前者也将随之不同。因此，对于我来说，一个可靠的行动或许就是，在如此评价一个陌生体系的同时，清楚地标识出自己的观点，以及自己的哲学所处的位置（要是我可以这么说的话）；于是，每个人可以自己轻松'做减法'。"[②]

在这里我们不去追问，根据吉齐基的前提，他在整体中描述莎夫茨伯里哲学的尝试是否可能，是否最终如愿以偿。我们应当追随他的地方在于：为了寻找进入莎夫茨伯里作品以及居于其中的"精神"的入口（吉齐基也曾寻找过），人们必须规定现行研究所处的哲学视野。

而本书所行进的道路也应是完全不同的道路。不应选取莎夫茨伯里思想的片断来描述它的特征。这条路也不应没有终点，它并 XII 非以思想的延续为标志，而是以给予思想上的终点为目标。请忠实于巴门尼德的劝勉吧：莫在无止尽的路上迷失你自己。

---

① 指吉齐基。——校者

② 〔德〕格奥尔格·冯·吉齐基：《莎夫茨伯里的哲学》，莱比锡／海德堡，1876年，第42页。

　　不过，什么事物、以何种权利能够在今天这个时代根本上给出思想上的终点？这个问题指向了一个需要解释的先行决定，否则人们可能会因此误解本研究所行进的道路。本书对莎夫茨伯里作品的研究，是从博德的思想那里获得的灵感。博德在一种秩序中介绍西方历史的、现代的以及他称为亚现代（Submoderne）的思想，这一秩序就是所谓的理性关系建筑学（Logotektonik）——一种"逻辑的"建筑。[①] 它在理性关系（rationes）或逻辑（Logoi）诸形态的建筑中表明了其权利。这些形态是关系项（Termini）的三分的合理性关系，其名称援引自海德格尔的用语"思想之事的规定"（die Bestimming der Sache des Denkens）。相应的理性关系项（ratio terminorum）接纳理性在哲学史中所曾是的事物。理性关系建筑学意义上的一切建筑以诸区分为根据，即那些首先在作为完满形态的哲学史上所凸显出的区分。[②]

　　理性关系建筑学的思中断了仍为海德格尔所确信的思想的连续性，这种连续性从历史通向当下。它尤其排除了过度敏感的嗜好，即想要把特定的作者或个别的哲学问题放到中心位置的嗜好。理性关系建筑学不仅使得历史诸时代必然清晰地相互区分，而且在此之前使智慧（σοφία）和哲学（φιλοσοφία）的各个位置区分开来，又先于此将一个理性形态的各个部分区分开来。这里的出发点是，

---

　　① 这也出现在贺伯特·博德的其他著作中："理性关系建筑学地思"，收于《智慧》（*Sapientia*），第 53 期，布宜诺斯艾利斯，1998 年，第 15 至 24 页；《动荡——海德格尔和现代性的限制》，由马库斯·布伦纳德翻译和出版，纽约的阿尔巴尼，1997 年，第 ix 页及以下；《历史的建筑工具》，由格哈德·迈尔出版，维尔兹堡，1994 年，第 vii 页及以下。

　　② 〔德〕博德："理性关系建筑学地思"，第 16 页。

哲学在历史上要么排斥智慧（σοφία），要么僭越智慧，要么概念地继承智慧，智慧是对人之规定的知，即人自身与自身相区分。与知相应的理性，——并非作为能力，而是依其事业——始终是有着各自使命而相互区分的理性：自然理性（die natürliche Vernunft）、世界理性（die weltliche Vernunft）和概念把握的理性（die conzeptuale Vernunft）。

这项研究关涉的是一种理性形态的一个分支，即莎夫茨伯里特殊的理性位置，以及他与霍布斯、洛克在整体中相关联的理性形态。

具体地问：作者凭借这项研究，希望获得怎样的成果？从对如下问题的回答便可知晓：

1. 莎夫茨伯里是否造就了一个独特的理性位置？应该注意，理性不是能力，而是以其事业为依据；一个有着自身使命的理性，又与那些同样也完成了自身理性使命的理性相区分。

2. 他的思想是被看作孤立的，还是在一个理性形态中与霍布斯和洛克的思想相关联的？若是后者，则在怎样的联系中？

3. 他的理性位置及共同的理性形态在西方哲学史中属于哪一 XIII 类？霍布斯、洛克和莎夫茨伯里是否因此在哲学方面值得人们保存在记忆中？

这项研究的第一部分，将首先介绍霍布斯的理性位置，然后介绍洛克的理性位置。通过它们将呈现莎夫茨伯里哲学能够展开自身的基础。

第二部分，我将在莎夫茨伯里自己所标明的三部主要作品中让他自己说话，即便这一安排似乎包含了不必要的篇幅。以此来避免这样的危险——直接运用解释学的方法并且联想式地去研究莎夫茨伯里的思想。这种必要的自我约束，使在整体中把握思想变得轻松，也正是这种约束才使它成为可能。不应随意开始，而应如笛卡尔所言，"依照哲学运思的秩序"、依照这种思所本具的论证次序来开始。

接下来，研究的第三部分是在整体上把握思想。

第四部分，休谟的位置在其开端中得到展现。这一位置表明，休谟处在一个全新的使命中，在他那里没有与莎夫茨伯里思想的连续性，也不可能有。同时，莎夫茨伯里的位置通过对比也会变得清晰。

本书的研究结束于第五部分，在这一部分将概述全书的研究结论。

第一部分　霍布斯和洛克

I. 霍布斯的位置

1. 导论

在近代早期，有两位思想家奠定了全新的哲学思考方式，他们 3 是笛卡尔和霍布斯。[①]

笛卡尔建立了自然理性形态的开端，它在第一个位置上从博德所称的"思关系项"（Denk-Terminus）开始，霍布斯造出世界理性形态的开端，其第一个位置是"事关系项"（Sach-Terminus）。但是，不仅不同理性形态的开端是有差异的，它们哲学研究的目的也各不相同，规定着整个形态的差异性。自然理性形态在思关系项上有其开端、中项和结束，而世界理性形态则在事关系项上有其开端、中项和结束。其中一个形态完全由思规定，另一个形态完全由事规定，理性意图各不相同，因而相互对立的矛盾也将无从谈论。[②]

[①]　参见：〔德〕贺伯特·博德，"世界理性的运动"，收于《布伦瑞克科学协会论文集》，第 47 期，1996 年，第 221 至 250 页。

[②]　他们的第三组"反驳与答辩"中的争论，参见勒内·笛卡尔：《第一哲学沉思录》（拉 / 德），由吕德·盖伯翻译和出版，汉堡，1994 年，第三版。

现在我们转向对霍布斯位置的回忆，那里，首先是由他以独特方式发展的事（Sache），而事需要一个引论做解释和说明。

在献给第三代德文郡伯爵威廉·卡文迪许的著作《论物体》的题词中，霍布斯表述了他试图完成怎样的使命。

他的思想始于一场争论，准确地说，这是一场关于思想的最高对象的信念之争，最高对象即宗教和由之产生的战争。必须离开这极富争议性的事。并不把宗教，而须把政治知识作为最高的事物来思考，因为所有灾难的根源是战争，尤其是内战；这些灾难是通过人的介入能够避免的。一切杀戮和殒命皆来源于战争。（《论物体》，I.i）

宗教问题争执的源泉可追溯到古希腊诸多学派的伪哲学。在这些学派中，人们除了争论，什么也没有学到，争论只服务于表演4 口才和才情，制造空话，在意见的争论中忽略律法，按照自己的臆断决定任何问题，确立个人观点。

第一批（早期基督教）教父也以同样的方式做哲学，试图用"自然"理性的手段反驳异端，为信仰辩护。为此，他们任意把圣经的教义与源自古希腊哲学的这种或那种学术观点混合起来。从那时起，神学（θεολογία）取代了敬神（θεοσέβεια）而占统治地位，它既立足于《圣经》（作为稳固的基础），也立足于"变质"的哲学。

霍布斯所遵循的意图是：拆除这种神学（θεολογία）的基础，通过哲学来建立一个新的基础。必须对哲学进行全新的规定。

首先需要区分，源自《圣经》的由诸多律法导出的宗教基本原理，即敬神、向神祈祷，与源自"自然"理性的哲学基本原理；敬神的学说从教会权威那里获取知，它不是科学之事，而是信仰之事。

相反，哲学必须排除任何神性启示的知。这种知并非借助于理性运用而获得，而是通过神性的恩惠并作为"一种超自然的感知方式"来赋予我们。超自然的感知方式远离我们的"权力范围"（Machtbereich），因而不可把握。这种知缺乏可靠性、缺乏准确性的可靠尺度。只有哲学能够赢得论证的真实性和稳固性。

不过，非神学的哲学之事，对于霍布斯来说也是有争议的。霍布斯在这里指的是流行的道德哲学和国家哲学。人们尚未能以更清晰、更准确的方式来传达这种哲学。因此，战争与和平的起因不为人知，我们借以明晓所作所为正当与否的义务也不为人知。

霍布斯重新定义哲学如下："哲学是通过正确推导获得的对作用和起因的知识。涉及作用或者现象时，知识的依据是它们已为人把握的起因或产生过程；相应地，涉及可能存在的产生过程时，知识的依据则是它们已为人知的作用。"（《论物体》，I.i）①

哲学的使命是，传达关于一切受造物的秩序、因果的真理，"受造物"说的是显现发生的（vorkommend）众物。这个秩序是现成的；只是必须发现它。理性行为就像雕刻家的行为，凿去多余的材料，似乎模仿造化，给未成形者以秩序。

2. 开端

对物体的第一种理解：《论物体》

霍布斯哲学的出发点是事，即物体（corpus）。对于霍布斯来说，

---

① 此处依据作者德语引文，德语引文和霍布斯自译英语文本有出入。——校者

只有物体才是存在者，整个哲学都与存在者打交道。因而确实不能把哲学和神学、形而上学放在一起。

5　　物体的思在霍布斯的视野里完全是世界性的思，它的目的是人的自我保存，更准确地说是保存人格和一切有益于生命的事物。只有国家秩序有能力提供必要的保护。出于这个理由，霍布斯的整个哲学与物体有关，首先与自然的物体，其次与人的物体，最后与人工的物体"国家"打交道，这里的人工物体即共同体国家（Commonwealth）。与学院的传统观念相反，这种哲学并非本体论，而首先是自然科学。这种哲学不是去认识某种自己独有的存在者，即哲学从其中获得某一特殊科学头衔的存在者。

霍布斯把物体作为现成的物体，以此开启思想。但是，必须在思想所造就的模态中阐明它，以便能够按照预想来生产出它。霍布斯的思想在我与外部对象的关系中发展，开始于外部对象，而笛卡尔的《第一哲学沉思集》首先以思想之我为主题，结束于物体世界。因此笛卡尔不像霍布斯那样关注国家学说（Staatslehre），而是关注伦理学和情绪学说（Affektenlehre）。

经验对象在霍布斯这里不可能是物体本身，而只是物体的现象或性质；物体的自然本性是不可把握的：尤其是上帝的本质，霍布斯称之为"永恒的、无法生成的、不可把握的上帝，此外在它身上无法感知组合与划分，无法设想产生的方式"（《论物体》，I.i）。

霍布斯关心众物的多样化或者划分，进而关心诸多属性数学化的可能性，这些属性作为力量且在其作用中是可以测量的。借助于推导的思维可以获得知识，推导不是别的，而是在思想中增补或减少。

据此，对现象的单纯感性知觉本身并不重要，因为这是直接通过感官接受它们，而非通过关涉性的推导思维来获取它们。（同上）

霍布斯思考物体的力学，他像我们在物理学中了解的那样去思考物体，系统地将物体建筑在一个清晰的顺序中，在不断进阶的具象化中来思考物体。他从最抽象的出发，即从作为一般科学对象的最普遍的自然物体出发（《论物体》），随后转向生活着的人的物体（《论人》），结束于人工所造的物体，即世界—政治的物体（《论公民》）。

在《论物体》的开篇，值得注意的是，自然物体（corpus naturale）表达在逻辑中，即表达在物体完全的外在性中，自然物体通过这种外在性而出现在意识中、出现在外化为计算（computatio）的思维中。作为现成的物体，这一物体是业已在意识中展开的物体，它是逻辑的对象，而这意味着，我们在与物体的现象打交道，而非与物自体打交道。哲学、科学的现实性首先是计算。它计算作为原因和作用效果之物体的现象。"几何学"则是思的技艺。

同时，计算的思维是创造性的（produzierend）。霍布斯追随一种创造的意图，不是关心对物之现象的单纯认知，而是关心现象的生产和运用，它们是适合于创造性的计算思维的。

生产（Erzeugung）的思想，它超越了单纯的起因，打开众物多样化或划分的可能性，打开把诸多属性数学化的可能性。凭借在创造性意图中和在对象生产中的计算性思维，霍布斯冲击了逻辑传统，这个传统与诸概念打交道，而没有考虑到概念是产物并且本身是创造性的。

霍布斯说："哲学的意图则如下：我们能够利用被人们预见到

的作用来改善我们的福祉，或者当人们在精神中把握住了这些作用之后，借助于人的勤奋来创造相似的、有益于人之生活的作用；在人力和物料所能承受的范围之内，通过将物物相加的运用来创造出作用。"（《论物体》，I.i）

霍布斯的计算也会运用语词，但不是作为概念，而是作为计算活动的工具。语词（vocabula）是语言的"小物体"（Körperchen），即语言的符号。也就是从一种符号学说开始。为了计算，这些符号用于定义；定义的确立应该实现单义性，所有人只在一种意义上理解它们。

因此，霍布斯的逻辑学一开始就是物体的逻辑学，更准确地说，是物体观念表象（Vorstellung）的逻辑学；在最极致的抽象中，这种逻辑学从逻辑性的物体开始，即从语词开始，能够用这样的逻辑性物体去建筑或生产，并从这些物体中推断出命题（propositio）和三段论（syllogismus）。在纯粹关系中、在论证关联中通达对象；但首先是关系。这些关系本来就具备理性特征，即源于知性自身的关涉行为，在知性中一物关系着另一物。三段论实现了进行推断的思。霍布斯的逻辑学服务于推断（Folgern）。科学因此是对一个事实导致另一个事实的认识，以及对一个事实如何依赖于另一个事实的认识。所以，"人是一个生命体，因为生命体这个属包含了人这个种"这一推论是真的。但是，这一推论还没有导向一种知识。

在思想的进展中，霍布斯转向第一哲学。相对于传统，他发展出了一种自己的第一哲学（philosophia prima），他在全新的意义中来理解第一哲学。先前的第一哲学与第一存在者相关。亚里士多德把存在者作为存在者的理论标明为第一哲学，这就是后来人们所

称的"形而上学"。具体来说，它与神学打交道。霍布斯排除了这
两者，他把第一哲学局限在意义学说上，用来解释不同的概念术语。
其任务是去解释对象的名称。霍布斯从空间和时间开始。他重新
定义了空间和时间，它们服务于新的"物理学"，服务于生产性的
思——以此脱离了以往的形而上学。

霍布斯首先抽象地思考对象，摒弃了这些对象在世界中物体上
的显现发生（Vorkommen），他假定，在物体上的显现发生中，地球
已经毁灭，因而"人只剩下对世界和所有物体的观念表象，这是他
在扬弃（世界）前用眼睛或其他感官感知到的"。假如只剩下一个 7
人，那么他只有对世界及其物体的观念表象。借此霍布斯抽走了物
体的宗教和形而上学的先行规定。他的任务的先行赋予恰好不在
这样一种知识上，即那种因为证明上帝的实存而在传统上被认为属
于第一哲学的知识。[1] 因此，理性事物不依赖于某种精神的现实性。

霍布斯所理解的空间完全是某一种物的现象特征，这种现象特
征先于上述假定的、对我们精神之外的世界的扬弃；而我们回想这
个物，却无须关注它的状况如何。对于霍布斯来说，关键不在于空
间已经被占据，而在于空间是能够被占据的。

就此而言，霍布斯开始于一种否定。他认为，物体是被扬弃的，
是为了创造活动而被释放出来的物体。他的视野中总有这样一个
有待创造的对象，它就是国家。

物体的存在是外延；所以，霍布斯的第一哲学开始于时空规定，
然后论述物体，即特定的空间段。如同物体有大小，一个被推动的

---

① 〔德〕博德："世界理性的运动"，第232页。

物体具有运动属性，它们都在精神中留下形象（Erscheinurgsbild）。运动留下的形象叫作时间。

霍布斯的事是外延之事，而笛卡尔的事首先是思想之事。

正因如此，霍布斯把物体本身规定为单独的物体：物体和偶性。他不把物体看作实体。为何？因为他与自然哲学中的古老学说相决裂，这种学说从显现者（das Vorkommende）出发，从当下呈现（praesentatio）出发，也就是从所谓物随之涌现的现在时出发。他并非开始于"物体"的当下呈现（Präsentation），而是从再次呈现（Repräsentation）出发。这种方法清楚地表明，霍布斯从意识出发，而且因为可计算性，他是从思想所造就的模态出发，而这意味着：我们打交道的是"形象"（appearances），是它们的现象，而不是物本身。物所唤起的印象——所谓对物体及其属性的想象（phantasia）——对于霍布斯来说是决定性的，因为只有想象适合于理解和创造性的思。思的范型不再是实体。思只关系着显现在力之游戏中的作用。

据此，他从一个假定开始，即任意一个持存的物，它是被放置到它原来位置上的物，或者说，是被重新创立出来的物。这个新物将不依赖于我们的想象力而实存，它与空间的某一个部分重合，或者说，它拥有和这个空间部分同样的外延。这正是霍布斯所说的物体。

偶性并非物本身的组成部分，而是人们依据它们来把握物体的方式（Hinsichten），例如以物体的外延或者说状态来把握，或以运动、静止、以作用、承受、以其潜能、以其可能性等来把握。

8　　物体的实存不依赖于我们的观念表象，思考这一物体的实存，完全不同于旧的思想之事。这显示了霍布斯的冲击力。他为思想开启了一条全新的道路。然而，过去的人们是如何思想的？尤其是在基督教时代？近代之思中断了与中世纪之思的联系。

具有示范性的是托马斯·阿奎那，他明确说自己的基础是奥古斯丁："因为万物由上帝所造，而非因偶然而造，所以在上帝的精神中预先存在着万物的理念，这是必然的，这些理念是这种精神的对象，依照理念的形象来设立万物。"①万物的"理性关系"（rationes）、它们的"理念"（ideae）总是被人所认知的事物，并且必然地"如其所是的那样"（wie sie sind）来被人认知。不存在造物主的存在与他的创造之间的同一性，但在他和他的先行之知之间有同一性，创造的诸理念即使不是作为受造物也属于先知。

因此，很自然，上帝的启示被用于了解受造物及其特性，启示与传统自然科学的知识是相协调的。对作品的首席权威是其创造者。

众物的一切"理性关系"——诸科学的目标正在于认识它们——在上帝的精神中已经是明了的，除了不完善的物，没有什么对上帝来说是陌生的。这是一种确定性，它对于自然科学家也是十分重要的，但这种确定性并没有拓宽自然科学家对自然的知识。而只在自然中"人的统治"（regnum hominis）得到论证时才涉及这种拓展；培根说：人对自然的力量只相当于他对自然的认识。②

无论培根还是霍布斯都不反驳物的"理性关系"与上帝精神的同一性，但这对于他们无关紧要，更准确地说：这对于他们拓展有

---

① 〔意〕托马斯·阿奎那：《神学大全》，I. qu. XV。
② 〔英〕弗兰西斯·培根：《新工具》，牛津，1889年，Lib. I, 3。

限理性之权力这个意图毫无用处,甚至有害,因为这偏离了人之益
用的视角。而人的利益正是霍布斯的关怀,因此他必须丢掉古老的
思想。他对新哲学物体的定义(作为新哲学的本真存在者)也这么
说,新哲学的第一要义不再是形而上学,而是物理学及其计算和经
验地获取知识的技术:"物体是不依赖于我们思考的某物,它与特
定空间相吻合乃至与之处于相同的外延。"(《论物体》,II. viii)物
体不依赖于我们的思,因此人们一开始就可以不受束缚地去思考
它——如果允许这么说的话,即直白说来,就是脱离一种"理念"
(idea)、一种神性的尺度去思考物体。物体是完全为自身而实存着
的。在如此之孤绝中,物体的存在被理解为"外部"(extra stare)
(同上),这相对于思想的内部而言,思想同记忆的形象打交道。它
每次都寻找通往外部实存的通道,即自为持存的物体的通道。

　　要是思想找到了这条通道,这就打开了为自然科学的发展服
务、进而有益于人的思想活动的道路。

9　　　第一哲学,即形而上学,只在实存的观念表象内部活动;从来
没有把物体表象为被推动的物体。形而上学可以被标识为概念的
算术学。

　　霍布斯在空间和时间之后来讨论物体的概念,而这个概念也属
于实存观念表象的条件。物体概念的定义之后是进一步对名称的
诸多定义,它们服务于新的计算的生产性思维:起因和作用,潜能
和行动,自一和差异,量,类比推理以及直线、曲线、角度和图形。

　　物体的观念表象是自然的观念表象,这意味着探讨物体的共同
偶性、运动和大小,这是第二哲学的事,第二哲学却还不是原本的
物理学(存在者的知识),而是几何学。(II. xiv)它开始于对比例、

线条、角度和图形的量的研究。所有这些研究都涉及做哲学的新方法。它从产生方式出发直至可能的作用。这个方法中，我们在物的命名上形成一致的共识（Übereinstimmung），来设定推理的第一个出发点，即定义，并且以之为真（IV. xxv）。凭借这种方式，从定义出发的第一个推理的结论中才可能有一致，因此推论是科学的（I. vi），排除了思想的模糊和晦暗。

做哲学的第二个方法关涉自然现象乃至自然的作用，一如它们是我们感官所熟悉的。并非我们设定起点，而是我们观察自然之肇始者设定在物本身中的东西。（IV. xxv）

由此仅展示了特定的产生方式的可能性。研究在自然现象中具备起点的知，霍布斯称之为"物理学或自然现象"。

物理学不是开始于研究物体及其运动，而是起于分析"感性经验"（sensio），分析经验对象的给定性——分析通向实存的通道，通向对象的"外部"（extra stare）的通道。在对象身上可企达的只有其性质——"现象"——和诸运动。它们属于某个物体，而物体是不依赖于思想和洞见而实存着的。我们从现象那里获得的诸想象总是变化不居的，依照每一次对感官的刺激而定。就物体对另一个物体及其感官显现而论，其显现具有"冲动"（conatus）的特性或向外"冲击"的特性，涌向外部的某物。在这种涌向整个外部世界的冲击中，现象的显现与现象的感知是同一的。

因此，霍布斯对感性知觉的定义是："感性知觉是一种想象，它通过反应而产生，即感官对对象向内的冲击所做的向外的冲击。"（同上）

想象却是被动产生的，印象保留住一段时间，进而深入记忆，10

达到人的意识并且成为经验。为此，我察觉我注意到什么（sentio me sensisse）[①]，这是必要的。

我们已经看到，霍布斯在确立定义或者在物的命名中形成一致的共识（物的命名作为推理的出发点）之后，考察了物体的作用，即考察物体何以是活的物体。他首先基于感知活动本身，即感性知觉来考察，其次基于我们在物理学中所了解的物体来考察，也就是考察被人们感知到的东西。自然的作用[②]（naturae phaenomena）通过感官为我们所熟悉。

自然作用的起点或起因，在霍布斯看来不是自造的，不是一般定义，而只是某种特定产生方式的可能性；我们只能够"观察自然肇始者在物本身设定的东西"；"由自然所提供的东西"（IV. xxv）。

对物体的第二种理解：《论人》

由此我们抵达对自然物体的第二种"特殊的"理解：即在《论人》中的理解。这种理解在《论物体》的最后部分已经开启，它被收进《论人》的第一部分。所谈论的是人的能力和人的激情。感性知觉作为科学的原初现象导向"想象"（phantasmata）。想象不再是前定的，如在创世学说意义上由造物主规定那样——上帝所造是善的，人因而也是善的。我们得自于现象的想象总在变化，这意味着，进行感知的物体本身处在变化中。感知意味着一种在物体之内的"变化"（mutatio），从相关感官中的相关感官刺激出发。

---

① sentio me sensisse 意为，我察觉我注意到什么。参见《论物体》第 4 部分第 25 章（de corpore. pars IV, cap, XXV）。——译者

② "自然的作用"，德语原文为 Wirkungen der Natur。——校者

想象为意愿(voluntas)和追求(appetitus)所渗透。

从相关器官的外在部分直到心脏的单纯作用和运动产生感知，就此谈及动物的运动，诸如乐趣和疼痛，欲望和回避，要与不要，希望与恐惧。

紧接着是对被感知者的探讨，物的可感知的现象及其可能的起因，即宇宙与星辰，其次是日光、温暖、色彩，进而谈到冷、风、坚硬，直至水的活跃生动(Belebung)。

《论人》的第一部分结束于声音、气味、口味、可触和重力等主题。

《论人》的中心主题是光学理论(doctrina optica)。前瞻人类的起源，把人类作为最高级的技术式感知者，由此呈现了视线(linea visualis)；其次呈现的是运动的感知(perceptio motus)；再次是对象(objectum)，通过直接的观看(per visionem directa)，如其显现(apparens)；再次是对象在视角中的复制(representation objecti in perspectiva)，即人工拓展的观看；再进一步是对象显现之处(locus objecti apparens)，也就是显现着的位置，既通过在镜子中反射(per reflectionem in speculo)来显现，这意味着，打破了与被看物的直接关系；然后呈现的是计算(refractiones)，最后是望远镜和显微镜(diopticae duplicate)。

霍布斯逐步展开因对象化而来的人的感知，尤其是随着视觉而来的感知，首先以自然的方式，然后是通过望远镜和显微镜人工地拓展到观看的技术。

《论人》在结束时引申出下一部作品《论公民》，《论人》的第三部分包括如下主题，即语言和科学，欲望和反感，情绪——诸如希望、恐惧、愤怒、复仇、自然虔敬等如何使心灵陷入不安——以及禀赋和自然伦理，也就是讲解天赋。人的自然行为态度得到解释，这仍在自然及其合法性中理解人的行为。

对物体的第三种理解：《论公民》

在《论公民》中，霍布斯也从人的自然状况开始，社会之外的人的自然状况（status naturalis hominis extra societatem）（《论公民》，c. 1），从人开始，是人，而非公民，其意图是解释清楚人工的人和自然的人的必然区分。

"公民社会之外的人的自然状态是一切人反对一切人的战争，所有人在这场战争中拥有对一切事物的权利。"人由欲望驱使。欲望在霍布斯的世界里是第一动机（primum movens）。它们发展到，人人要拥有一切事物，甚至设想一种拥有一切事物的权利。因而世界是必然纠纷的世界。人无法逃脱这种始终危险的状态，除非他视之为灾难并且决定进入契约，放弃他对一切事物的自然权利。

在此作为简要比较对象的是卢梭，他作为对手站在另一基础上：他反对霍布斯的恐怖学说体系，后者的思想集中在"战争状态是人的自然状态"。卢梭断言，和平是最初的事物[1]，更确切地说：第一自然状态是和平。原始人孤独地生活，还没有在社会中。社会化才使他堕落。通过建立国家可以使人从堕落状态中得救。

霍布斯的思路虽然也开始于人的自然状态，这一状态却被看作消极的。人要一切，意味着：总是要更多，这种愿望不会结束。霍

---

① 〔法〕让-雅克·卢梭：《论人类不平等的起源》（法／德），迈尔（编），第五版，帕德博恩，2001年，第一部分。

布斯并不想指明这种"一切"的现实性。

如何检验其现实性？历史地看，得到"一切"是非现实的。但霍布斯关心的不是历史学命题。他要把事展示在其纯粹性中。人的愿望具有要拥有一切事物的倾向，这种愿望肆无忌惮。出于占有欲，人要其他人死亡，在占有上，人要排除别人。这种意志没有限制，霍布斯把它赤裸裸地虚构或者杜撰出来。为了能够生动有力地展开国家思想，这在方法上是必要的。面对混乱，为了向人保障其所追求的安全，建立国家是绝对必要的。

为了能够虚构一切人反对一切人的战争这种自然状态，必须在思想上离开同时代真实的政治状况（成文法和公共权力）。这并非是要瓦解同时代的国家关系，而是将它们看作仿佛是已瓦解的国家关系。（《论公民》，前言）就像马基雅维利 ① 所虚构的"整个意大利笼罩在无政府状态下"那样，霍布斯也把英国设定为处在没有成文法并且没有任何公共权力的状况下。这样一种触目惊心的状况，同时代的托茨伯里先生（Mr. Totesbury）在 1641 年 12 月 4 日写给多尼戈尔领主（Lord Donegal）的信中曾描述到："最高尚的人啊，……周四和周五接连有百人强行闯入这里……他们的目的就是烧掉我的房子，抢走我的家当……在我和妻子（他们还是有点尊重我妻子以往对他们的仁慈）的义正辞严之下，他们先忍耐了一会儿，之后便肆无忌惮地烧掉了房子，大吃大喝，喝光了我们大部分啤酒，一些人搜掠爱尔兰披风和毫无价值的东西。后来他们离开了我们，却

---

①　〔意〕尼可罗·马基雅维利：《君主论》（意大利语／德语），由菲利普·利浦尔翻译和出版，斯图加特，1986 年，第 XXVI 页。

烧毁了周围剩下来的七八所房子……就在那儿，他们杀害无助的妇女和孩童，犯下了惨绝人寰、令人悲叹的残忍行径。"[1]这群乌合之众的谋杀与抢掠，霍布斯历历在目，将之假定为人的狼性。

卢梭也从方法上杜撰了他起始的思想，即原始人孤独地居住，没有社会，未曾堕落；然而我们看到，不同的开端对于思想的发展造成怎样的区别。因此，既谈不上霍布斯与笛卡尔之争，也谈不上霍布斯与卢梭之争。

在"一切人反对一切人"的战争中只有输家，没有赢家。

除了能够用自己的强大或突如其来的力量达到安全之外，人没有其他安稳可言，这就是战争所导致的结果。勤劳不再有地位，因为人无法保障辛勤劳动的成果。

"于是不再有耕作，没有航海，没有商品，没有舒适的建筑，没有器具，没有艺术、文学，没有贸易关系；把持局面的是最糟糕的东西，持续面临暴力死亡的恐惧和危险——人的生命是荒芜的、贫乏、卑污，如动物一般，短促易逝。"（霍布斯：《利维坦》，XIII）

"这种人人相互为战的战争状态，还会产生一种结果，那便是不可能有任何事情是不公道的。是和非以及公正和不公正的观念在这儿都不能存在。没有公共权力的地方就没有法律，而没有法律的地方就无所谓不公正。暴力与欺诈在战争中是两种主要的美德。"（同上）[2]

13   最后，这种状态的进一步后果是，没有私有财产，没有统治，

---

① 〔爱尔兰〕彼得·萨默维尔-拉奇：《爱尔兰乡间别墅》，伦敦，1995年，第83页。
② 此处援引由黎思复、黎廷弼两位先生所译的《利维坦》的相应段落，商务印书馆，1985年，第96页。——译者

没有特定的划分你我的界线。属于某人的仅仅是他能够获得的东西，进一步说，在他能够确保获得这种东西的情况下。(《利维坦》，XIII)

人如何可能摆脱这种不幸状况？人可以再度求助于人的本性：自我保存的冲动和服务于自我保存的理性，这种理性计算出我们可怕行动的后果，让我们明白和平的适当原则[①]，依据这些原则人们才可能达成一致的共识。霍布斯称这些的原则为自然法。他定义了这些原则的自然理性——我们重又遇到他事先在《论物体》中发展的因果思维——即准确的、计算的、推理的思维："我所理解的人在自然状态中的恰当理性(rechte Vernunft)是这样一种思维方式本身，即在涉及其行动对于他人可能产生的利弊时，每个人自己所做的真实推理。"(XIV)

理性的自然法使人能够从假定的自然状态过渡到公民状态。

也就是说，通过各种激情，如对死亡的恐惧、对生活中的舒适物品的渴望等，以及通过希望，如经由努力获得舒适物品的希望，人们虽然能够逃脱自然状态，但只有理性能够给予可靠性和可计算性。(XIII)理性提供规则，推动人缔结条约，维护相互间的和平。

理性的普遍规则是："每一个人都应该尽力争取和平，只要有希望获得它；如果得不到和平，他就可以搜寻并利用战争的一切有利条件和助力。"(XIV)简言之，如果可以获得和平，那么寻求和平(第一条自然法)；在没有和平的地方，你必须准备好战斗(最高自

---

① 〔德〕威廉·迈兹："上帝和国家。关于笛卡尔—霍布斯的类比"，由巴巴拉·辛普森翻译，收于《现象学和现象哲学新年年鉴III》，2003年，第255至263页。援引自(未出版的)德语稿本："上帝和国家。关于笛卡尔—霍布斯的类比"，第4页。

然法）。①

由第一条自然法推导出如下法则：个人权利是可以让渡的。第二条推导出自然法的要求：人遵守契约，信守诺言。契约的让渡是在将来完成的。

霍布斯把自然物体的研究和对其余自然法则的陈述结合起来。它们都遵循理性的教导：和平是好的。因此，和平所需的手段也是好的，"于是谦和、公道、忠诚、仁爱、慈悲，这一切和平所必需的，都是好的风俗或习惯，即美德。"（《论公民》，III）

契约使人有可能和睦相处，但是如果还"没有剑"（《利维坦》，XVII），那就没有保障。因此需要公共权力的介入，即所谓的"利维坦"。

霍布斯在同名著作《利维坦》中充分展开了他的理性关系，其次序为：事、尺度、思。

3. 用以防御生命灾难的政治物体

14　　开端之处——如同我们已经看到的那样——物体不在抽象意义上，而是与《论人》相联系，在具体的普遍性中，从而抵达政治的物体（corpus politicum）。并非开始于当下呈现（präsentatio），而是开始于再现（repraesentatio），这表示，开始于意识。这意味着，我们与现象而非与物本身打交道。物体留给我们印象。在意识中留下的不是物体本身，而是物体的现象。这里展开的意识视野是全新

①　〔德〕威廉·迈兹："上帝和国家。关于笛卡尔—霍布斯的类比"，由巴巴拉·辛普森翻译，收于《现象学和现象哲学新年鉴 III》，2003 年，第 255 至 263 页。援引自（未出版的）德语稿本："上帝和国家。关于笛卡尔—霍布斯的类比"，第 6 页。

的，而旧哲学仍从显现发生者（das Vorkommende）出发。

接着霍布斯转回到自身运动的物体。静止状态并非开端状态，而旧哲学对静止的评价高于运动。对于霍布斯的思来说，只有两种根据（causa），即作用和起因，也就是说，从已知的作为"外部"的对象出发，这个对象对立于思想的内在。

在思想中将神性的精神作为起因乃至起源，霍布斯不认为这是他的任务。造物主对于他来说同样也属于意识的诸对象，并且就像黑格尔所指出的那样，在宗教的最后形态内作为对象而灭亡。

我们的印象（Eindruck）或者我们从有关物体之事物所获得的形象（Bild）是动态的，并且在动态中衰弱。对此，必须努力防止形象的溃散，必须保持住形象，并记住它。另一方面，有滑入远为衰弱的形象保持活动中的危险，如同在梦里的形象保持活动。人在这种状态中只是听任观念表象，乃至是荒谬和幻觉的摆布。非基督教的宗教在这里有其根源。

在勾画形象的意识行为本身之后，出现的是从形象到所设定的符号或名称的过渡，这是知性的特征。知性与符号打交道，而不仅仅与形象相关；因为我们在动物那里也能找到这种知性。所标识出的不是物本身，而是思想。

思想乃至符号，首先个别地显现，之后是相互结合成为观念表象的联结。得到理解的不再是个别的观念表象，而是观念表象的联结。霍布斯区分没有方向和意图的天马行空的思与创造性的思。动物也觉察到作用（effectus）和起因（causa），但只辨识每一次涌现的作用的起因。而在目的意义上的起因性的思，这是人所特有的。人的思完全属于人的权利。就此而言，这里关涉的不是单纯的记忆

（memory），而是所忆起的事物（remembrance）；因为，它被意图所指引。关键在于能够计算后果。这构成了人的精明。人能够以计算的方式并且因而能够以可控支配的方式去思维。

然而只有有限的东西可以想象。相反，上帝无限，不可把握。其伟大和力量是无法用观念来表象的。相对于基督教时代的思，霍布斯发展出了一种有限性的理性。

15　　接着，霍布斯过渡到"理性"的本来意义。为了控制人所渴望的，其"肉体"所渴望的东西，"理性"是必要的先行赋予；这些东西是任意的贪欲、热情、反感。可以在数学传统的意义上，也就是由加减来理解这种理性。

这种计算的意图是达到"确定性"。霍布斯不像笛卡尔那样关注思自身所造就的确定性。笛卡尔在《第一哲学沉思集》①中从方法上把所有迄今之知引入怀疑，为的是能够论证一种新知，它满足绝对确定性的尺度。相反，霍布斯最终明确关心的是阐明一种必须照料公民安全的政治物体。这是世界理性的特有意图，洛克紧随于他。

不像自然哲学自始至终相信的那样，这种理性不是人与生俱来的。"理性"在霍布斯的思想中不是起源性的东西，而是被造出的事物，就像演算是做出来乃至建立起来的。不如说这种理性是通过勤奋努力而获得的。为此首先需要获得组合能力，即组合语言符号的能力。若合乎逻辑，则达到可靠性，服务于"人类的福祉"。

下一步，霍布斯引入善与恶的区分，这对宗教十分重要，这种

①　〔法〕笛卡尔：《沉思集》，第23页及以下。

区分回溯到乐趣和无趣。乐趣是善的现象或感觉，无趣是恶的现象或感觉。乐趣也满足求知欲，求知欲指向对起因的发现。

从这种知生长出自己的权力、欢乐和引以为豪的权利。与保罗的基督教之思相反，作为公民的人有权利珍视自己。

一切由求知欲引导的思最后走向一个终点。这个终点为我们的喜好（Neigung）和反感（Abneigung）所支配。因此诸多激情必须相互保持平衡。

按照喜好或反感，意志在行动或放弃行动中实现自己。传统认为，意志纯粹是心灵的能力。与之相区别，霍布斯把意志定义为最终的喜好。

喜好或反感规定意志的内容及其现实性。对于霍布斯来说，意志的源泉在欲望领域。

与思量中的意愿活动相对应的是，在研究过去或将来的事实真相时所做的判断。这里须强调，霍布斯看到，没有绝对知。对事实的认识只在感觉中，以及之后在回忆中有其起因。没有人能够通过思索得知，这个或那个东西是否存在，是否曾经存在，或者是否将来会存在——这样的知会是绝对知——而只能够知道："如果这个东西存在，那么那个东西也存在，如果这个东西将会存在，那么那个东西也将会存在。"

知永远只可能是有条件的，因为不可能认识某物的本质。我们 16 只能够知道从现象、从某一物的名称所得出的东西，只能够知道从该物名称与其他名称所结合成的主张中，以及从该主张与其他主张的结合中所得出的东西。

由于思被放入语言形式之中，它开始于语词定义并且由此向前推进；由于把语词的诸结合成普遍的主张，且又结合成推理，因此思能够获得可靠性，这对于霍布斯来说是关键。这种可靠性，而非中世纪的信仰确定性，是思的自然理性的基础。

霍布斯接着在关于"智慧之德"的一章中转向思和判断的敏捷，他开始于"明辨"（wit）。"明辨"在旧的意义上意味着迅速看穿事态和判断。属于这种判断的是观念表象，接着是始终对准被视作好目标的坚定追求，以及判断中的确切和稳健，它是直接判断的成熟形态，其中包含大量的经验。

在第十章中，霍布斯引入权力作为中心概念，权力是并始终是意志最重要的东西。从手段的可支配性、从我的权力所具有的事物，来理解权力。如果只想把行动作为权力的符号来评价，那么手段是否正当这个问题就无关紧要。

霍布斯对"品行"（manners）的定义也服务于国家秩序这个目标。他并不把"品行"理解为"端正有礼"，如怎样对人行礼，而是理解为那些涉及人们在和平与和睦中共同生活的属性（Eigenschaften）；这样的人之属性服务于人与人之间的和平，而还不是公民之间的和平。

在霍布斯这里，最初是持续无尽的权力欲；整个人性的普遍冲动，只随着死亡而结束。这种思即刻唤起传统的人之生命理解与近代的人之生命理解的区分。

放在开端的既非西塞罗的性情的安宁（Gemütsruhe），亦非旧的国家理论中所假定的至高之善（summum bonum），霍布斯把动荡不安（Unruhe）放在首位。生活是欲望的生活。若不生活在欲望中，人就死了。人的生机在于从欲望到欲望的渴求进程。一劳永逸的快乐和幸福是一种幻想。在持久权力欲的意义上没有一刻是满足的，这符合人的本性，也就是说是为了能够自我保存并生活在和平中。在公民的意义上，这种和平中的满足才能够成长。

由欲望而来的是人的烦恼，为自己的生计烦恼。并非君主为所有人担忧，而是人人为自己担忧。

之后，霍布斯过渡到宗教，一种"只在人那里出现"的思维方式。他看到宗教起源于畏惧，进一步说是敬畏神明，对人所不理解的暴力的畏惧，不理解是因为它不可认识。一旦认识，恐惧就消失了。宗教的种子从对鬼神的观念表象中萌发。鬼神是由宗教虚构的怪物。它们只有通过科学的启蒙文化来克服。对此，霍布斯举出 17 罗马作为例子。罗马人对任何宗教都很宽容，唯有对犹太人不宽容，原因就在于犹太人拒绝承认对可朽的国王或国家的臣服。但恰恰这一点必然是目标。通过突显彼岸的超自然性，霍布斯开启通往承认国家的道路。借此，彼岸的可解释性消失了。神并非只是基督教的上帝，而是在抽象普遍性中的神，一方面，他因为自身的权力是整个世界的国王。另一方面，他也可能通过契约是被选中民族的国王。随着这种思想，一种新的质性（Qualität）出现在与上帝的关系中。被选中的民族是通过协议（Übereinkunft）确立的民族，这个民族处在神与神的子民所达成的协议中。

然后，霍布斯以自然为主题。自然的现实性显示在激情中。激情的实践意义在于，创造性地运用它们，用来达成人际关系的自我约束。对于公民幸福的自我建树和自我创造来说，自然是与之相应的基础。

人出于自然是平等的。这却不在一种描述的意义上，否则这个命题显然是错的。人应该是平等的。平等是从物体、从威胁物体的各种危险来思考的；显然，因为所有人都要同样的东西，每一个人都同样处在被杀害的危险中。一个人的要占有的意志为另一个人的要占有同一样东西的意志所限制。为了克服对立的意志，必须消灭他人。这是第一个意志。在更仔细的考察中，另一种选择更好，这就是压制他人。假如消灭了他人，那么就不会有人能为征服者的诸多需求效劳。所以要保存他人，不过他人是作为臣服者，作为仆人，征服者能够剥夺他们的劳动成果。霍布斯发觉，必须允许这种权力的增长，根由在于自我保存。

只有加强权力才能对付不信任和恐惧的普遍状态，也就是说一个人做主；作为统治者，他有虐杀他人的权力，却不可能被杀。如果没有这种力量，人们就生活在战争中。

在上述这种关联中谈到了时间。什么是时间？对于奥古斯丁来说，时间在于把握永恒①，他将时间区别于永恒来考察。霍布斯则鉴于安定（Sicherheit），或者更恰当地说，鉴于不安定（Unsicherheit）来考察时间：处在对不安全未来的恐惧中的不安定时间、流逝的时间。

"这种不安定使生命荒芜、贫乏、卑污，如动物一般，短促易逝。"（《利维坦》，XIII）人无法保障自己的劳动成果。没有农耕，没有航运，没有商业，没有舒适的住宅，没有省力的器具，没有艺术、文学，直至最终没有社会关系；没有任何构成公民的因素，没有生活物资丰富多彩的多样性。

----

① 〔古罗马〕奥古斯丁：《忏悔录》，XI 1。

正是人的自然本性把战争状态的挑衅放在开端。在这种危险 18
的状态下，人的欲望和激情变得富有创造力。它们能够被投入到对
抗中去。

对生活物资的欲望已在自然状态中推动人。保护你自己，为你
自己操心。这是人应该向自身提出的任务。如我们已经看到的，有
助于人的是自我保存的冲动和这样一种理性：它服务于自我保存，
计算我们的可怕行动的后果，提出相应于和平的原则。

这些自然法则过渡到人在其契约中的相互关系。正是在这些
约定中，实现神和自然的法则：自我保存的自然律令不再属于个别
的人，而是属于处在·自由状态中的社会的人。

自由首先是个人的状态，他只为自己而存在，并且为自己产生
意愿；其次是许多人的状态，最后是在自由的社会物体中的所有人
的状态。它要求社会成员的行为举止具有合法性。

就此，霍布斯的事完成了，在这里区分自然的事（res naturales）
和人工的事（res artificiales）。事是他所构撰的社会的尺度。这个
社会的规定如下：它是人工的神，或者说，帝国，即由人所造的神。
仅靠社会无法提供"安全保障"，应该说，无法提供社会的安宁。

4. 国家作为显现的神

对尺度的第一步说明承接着对事的最后一步说明。事的最后
一步是人在其契约中的相互关系。

具有尺度性的契约是缔结国家的契约。可见的强制暴力约束
自然的激情，通过人们对惩罚的恐惧能够牵制人们履行契约并尊重
自然法则，如果没有强制暴力，人们作为个人或小团体过于弱小，

不足以保护私有财产，则无法摆脱战争状态的苦难。霍布斯区分占有物（Besitz）和私有财产（Eigentum），前者归于自然的人，后者属于法人。依据自然的方式，存在着人人要求占据一切的权利，所以私有财产需要人工的分配。（XV）

只能通过将人的全部权力向某个人或者向人的某个集合让渡，普遍的暴力才得以出现并且有效。对此，霍布斯区分自然法人和人工法人。如果某人的话语和行动被看作自己的，那么这个人是自然法人；如果人们把法人看作代表他人的话语或行动，那么它就是一个塑造出来的或人工的法人。因而，许多人可以是一个法人。如果许多人情愿某个人具有权威来为他们说话并行动，那么此人就被称作人工法人或者代表。他的权利得自于意愿选择（wollen）他的许多人，多数人的投票在这里做出决定。一旦得到授权，那么这个团结为一个法人的人群就叫作国家（civitas）。"它是可朽的神，伟大的利维坦。"

尺度是一个统治者的帝国，事和思在它之下。与统治相应的是这样一种思：恭顺意义上的思；在权力持有者面前的顺从。本书后续还将讨论这一点。

社会成员共同成为"臣服者／主体"。他们臣服于一个得到授命的"法人"——并非一个作为人的人，而是一个人工的人，无论是作为个体还是作为集体出现；仅就所有人使自己成为公民而言，他代表所有人。

我们看到思想在整体上的发展：首先是个人作为自然法人（一），其次是许多人连同他们自然结成的契约（多），最后是所有人在国家中，国家是人工法人（全）。

　　这个国家由人所造。它的起因就是它自身。"让我们造人。"（《利维坦》，导言）"人自己造人。"一种庞然大物，它使人们预知在早期近代思想的开端推进的整个暴力，霍布斯称这种暴力为"马姆斯伯里的怪物"。一种震慑人心的生命体，这样一种人，他思考人能够并且如何能够通过自己造出自己。就人为了自我保存而需要人工的人——国家或者共同体而论，人是他自身的原因。旧的上帝保护其造物，对上帝的依赖在此被取消了。人应该自己保护自己。

　　一旦建立国家，国家的主体就不再能够改变政府的形式，除非国家瓦解。这个可能性始终存在。只有这样，主权者才丧失权力。但如果国家没有解体，也就没有人能够合法地抗议主权者的机制。

　　主权者不只是拥有权力的人，而且也是对有益或有害于共同体的诸多学说做出判断的人。

　　最高权力委派诸多权力。主权者有资格任命各部长、国家公仆，他们构成并掌管国家内部的整个奖惩机制。这一切都是国家主权的工具。主权呈现为一种人工的灵魂，它给整个机体以生命和运动，司法权和行政权的官员以及其他受雇人员是人工的肢体；奖惩与主权的处所相结合，通过奖励和惩罚，每一个肢体和关节都调动起来处理事务，奖惩是神经，它们在自然的机体中完成相同的任务。每个肢体的繁荣和富足呈现着强大，民族的安全是主权者的事业；顾问们是记忆，他们向主权者禀报所有他必须知道的事。公道和法则是人工的理性和人工的意志；和睦是健康；骚动是疾病，国内战争是死亡。契约和协定把这个政治机体的各部分造出来，然后组装和统一起来。最终它们与上帝在创世时所说的话相一致——"让我们造人。"（同上）

20   这个国家并不好，但它比可能的诸种不幸要好。相对于无政府状态和战争状态，国家是最微小的不幸，因而可以忍受。君主制不是唯一的可能，行使主权的公民大会也是可能的。

霍布斯为英国首选君主制，因为它是最稳固的结构，有着最稳固的意志；尤其是因为君主制是世袭的，并非自然决定继承人，而是君主自己决定其继承人，也就是说：理性决定继承人。

家长权力的诸多权利与一位受命的主权者的诸多权利相应。不是生育，而是孩子的赞同给家长的管教以权利。然而，一个人，也就是这个孩子，不能听从两个家长，因此权力一定属于父母中的一方。家长的权力也以教育为根据，因为这里所假定的是，服从有力量抚养和教育自己的人（XX），这是孩子的义务。教育的目的在于培养公民。①

接着，霍布斯展开了臣服者／主体自由的基本思想。

自由不是别的，就是"没有对立"（absence of opposition）（XX），即没有阻碍。自由——这种谈论只在关涉到物体时才有意义。物体或自由或不自由。这里没有与席勒思想的一致，席勒那里在枷锁中也能够是自由的。这种言论对世界理性不重要。世界理性只认识我们作为物体的身体自由，在身体的运动中，在它的行止之间。这里，我们再一次看到，霍布斯如何始终如一地坚持其物体的开端。国家向这种自由提出了最强有力的反抗。人工的锁链是公民的法则。公民的自由只存在于不受契约乃至立法者的指令约

---

① 作为这种教育的出色范例，这里应该提及查斯特菲尔德勋爵对他的儿子菲利普·斯坦霍普的教育，这在勋爵的《教子书》（伦敦，1774年）当中得到呈现。

束的地方。法一说话，就有约束。法沉默之处，臣民是自由的，例如贸易，相互制定契约，选择自己的住房、饮食、职业，教育子女等。相反，主权者的自由是不受限制的。他能够如其所愿地进行干预；但是只在他服务于共同体的维系而做决定的地方。

个人拥有不可转让的权利，即保护自己的身体，进行正当防卫。

在霍布斯把共同体国家作为整体来阐述之后，各个部分成为思想的主题，按照产生、形式和功能来区分。共同体的诸多有机组成部分关系着行政管理。从整体上它首先与经济相关，其次讨论行政的任务，即行动指南，指导人们必须做什么。第三，法制。最后是执行实施，即在执行法庭决案的意义上。

在第二十四章，在生活物资的运输和使用，乃至可支配的土地的意义上，阐述共同体的维护。国家应该管理"生活物资"在海上和陆地的分配。

至于私有财产，私人占有物（private estates）的分配虽然是自由任意的（willkürlich），但私有财产还是得到承认。其他臣民被排除在外，主权者则是另一回事。主权者制定民约法，臣民们接受他的命令。他们只可能按照表面字义和意图来详细解释和评注法律。

霍布斯把罪理解为犯法，对立法者的蔑视。他抨击的对象是：蔑视首先须无条件尊敬的东西。

在解释了维护国内和平所必需的奖惩制度之后，霍布斯转向导致"共同体国家"瓦解的一些事情。人工之所造，得到透彻的思考，如果"人们的安全稳定"这个目的没有达到，它也可能崩溃，遭受毁灭，并且是由自己导致的。

好的法必须是可理解的、透明的，这意味着，其起因和动机皆为理性的。诸法不仅必须为人所知，而且其制定过程也必须是众所周知的。这里我们遇到了自希腊人以来古老理性的那种自我理解。理性一定为其自身是透明的。一个好的法也必须是透明的。

关于帝国的章节结束于这一思想。在第二部分的最后一章，霍布斯同时建立与"上帝之国"的联系。尺度的思想圆满之后，他马上过渡到宗教，把宗教作为由国家规定的思想。最后在《利维坦》中须讲解的是由尺度规定的思。

5. 完成公民的义务作为最高戒律

如我们所见，霍布斯的思不把圣经的言辞作为尺度，而是把国家，即从物体发展而来的国家作为尺度。圣经的言辞我们最后才遇见，而与此排序相符的是，在如此之视野中，圣经言辞的特征不是奠立和规定法的言辞，而只能是对法进行验证的言辞。

具体来看，何种思对应尺度？这个尺度是先行建立的国家，配备最高权力（summa potestas）。话说在前面，思所考虑的不是其他，而是完成公民义务。思是恭顺的思："在恭顺与神性法则不相矛盾的所有事务中，臣民应该听从。"（XLIII）

如此之思区别于自然之思，后者不识君主权力，因为在自然之思中，人人有权利去统治其他所有人，恰好不必听从。

人的义务由自然派生出来；它们是相互之间普遍的自然义务和
22　对特殊的神性主权者的义务。此外，就现在谈到个别"基督教"国家中的义务而言，思想接受了宗教的根本特征；这里霍布斯只考察英国。他所理解的宗教不再是为自然的恐惧所推动，导向迷信的宗教，而是一种思，思考在"上帝之国"中完成公民义务。义务的基础不再只是上帝的自然之言，说得更准确些，言辞也不再是神的自然法，而是先知之言。

但是，不可置疑的言辞仍为自然之言。（XXXII）先知之言虽没有成为尺度，却成为把共同体国家理解为"基督教"（国家）的理由，因为此处和在基督教那里一样关系着救赎和奖赏。"人必须知道，什么对于救赎是必要的。""一切包含在两种美德里，信仰基督和服从神律。"（XLIII）

这里有一个难题。人能够在同等程度上服从上帝和公民的主权者吗？换句话说：国家的律法与其必须依据的自然律法，可以和在《圣经》中写下的上帝律法相一致吗？所指的不是经过摩西的手给予犹太人的律法，因为"基督徒并没有受到教诲去遵守它们"（同上）。

霍布斯给予这个问题肯定的回答，因为"我们的救世主耶稣基督没有给我们新的法则，而是只给我们建议，去遵守我们已经臣服的那些法则。这意味着，尊重自然律法和我们的不同君主的律法"（同上）。"上帝的律法命令（人）遵守公民的律法，因而命令（人）遵守所有《圣经》的规定，只有在公民的主权者把《圣经》当作律法的地方，《圣经》才是律法。"（同上）

据此，在任何国家中，最高的神职人员是公民的主权者。

自然法符合耶稣之言，它集中在这句话里：耶稣是上帝和国王。这意味着："他是主权者，他要求遵守所有他自己的法则，这是说，遵守公民的律法，其中包含所有自然法，这是说，遵守所有神性的律法"，因为"除了自然法和教会法，没有其他神性法则，教会法是公民律法的一部分（因为能够颁布律法的教会是国家）"（同上）。

　　霍布斯的思承认摩西、基督、使徒及其后继者在圣徒的权力中代表上帝的人格，其后之人应该遵从上帝的人格。教会的首脑，在英国，必须是公民的主权者。他也负责检验最高神职人员的学说。

　　宗教上对《圣经》之言的遵从从来不能够限制帝国的自决权。帝国说话清晰明了，而启示之言还需要解释——澄清并平息相关理解的争议；因为作为权威的理解，它不应纵容人的意见的武断。①

23　　上帝不仅在言辞中对于共同体国家是因果性的作用，而且对教会权力的授权也是因果性的。教会权力的授权回溯到上帝与其选民的相互关系中，是通过契约（per pactum）形成的关系。经扫罗之手，这个契约曾被抛弃了，后来依照先知的预言通过基督而获得更新。

　　相互的义务经由契约而得到协调，所以，"上帝之国是公民的王国。"（XXXV）

　　这个霍布斯的推论现在抵达第三个因素，它同样规定公民的思想，实体的、统一表述的思想。实体的规定是"上帝之国"，并且一如它是一个国家，思的宗旨就在于国家的统一。霍布斯把他的著作与围绕国家统一的大辩论联系起来；这意味着与"黑暗王国"针锋相对，后者是这个在国家意义上的统一的敌人。霍布斯的冲击对准罗马教皇的统治。这种统治一再从权力的分配出发，划分教会权力与共同体的权力。这种划分极为有害，原因是它不断唤起"基督之下的国王权力的争论"。

　　第四十四章中说："必须有一个人或一个集体，面对所有基督

──────────

① 〔德〕博德："世界理性的运动"，第236页。

徒代表耶稣基督的人格，我们的耶稣基督借其口说话，给定律法。"
当下的教会是基督之国，霍布斯认为这是谬论。

基督之国只曾经借仆人摩西的手建立在犹太人中，经扫罗的选择而终结，此后没有通过契约而得到更新。"上帝之城还没有到来，因为基督尚未第二次到来，我们现在只通过契约隶属于我们当前的君主。"

罗马教皇妄自以为能够干涉各个共同体的政治。必须应对此种情况。霍布斯的结论是否定的。

我们看到，在《旧约》和《新约》中的上帝之言辞，无论对于一般的物体还是对于特殊的国家都不是具有尺度的言辞。但国家法和自然法可以在上帝之言辞那里获得检验。圣经之言不包含对于公民具有尺度的法。上帝通过创立自然法而间接地发挥作用。宗教之思因而只有检验法的功能，而不具备诸如立法的功能。

一开始就必须搞清楚：上帝的立法不能限制国家的立法，相反，神性律法——在上帝的言辞中——必须变得透明，就在国家身上发扬光大。

就此毫无疑问的是：在霍布斯的思想视野中，处于第一位和具有尺度性的，不是宗教而是公民国家。圣经之言不被看作是原则，而是作为工具。霍布斯在第四十三章的结尾说："我只是要说明，在我看来，从基督教政治学的原理（即《圣经》）中究竟能推论出一些什么结论来证实世俗主权者的权力和他们的臣民的义务。"

霍布斯的计划的整个目的不断得到加强和巩固，就此世界理性的第一个理性关系完成了。

II. 洛克的位置

1. 导论

24   洛克的工作也开始于一个争论性的话题。《人类理解论》的缘起，如他自己所强调的那样，是对人之倾向的经验，即人倾向于"超越思之能力的界限，放任其思想堕入它不再能够找到脚下可靠根基的深处"，以至于"人们提出问题，一再争论不休，他们从来没有清楚地对争论做出决定，因而争论仅为助长他们的怀疑提供新的养料、加深怀疑并最终在全然的怀疑主义中强化了他们的怀疑"（《人类理解论》，I. i. 7）。

洛克也反对科学中的学者思维，它使用罕见的、装模作样的、难以理解的语言，以掩盖无知、阻碍认识，而认识是哲学的使命所要达到的目标。

基于上述经验，洛克确立了一项新的任务，他在这本书的序言中说到"深入研究人类知识的起源、确定性和限度，同时研究信念、意见和赞同的根基与程度"（II, i. 2），这是为了理解知性本身的认识方式。

不同于霍布斯的理性关系开始于事关系项（即物体），洛克的理性关系开始于思；并且直接地开始于首先与自身打交道的思；不像在前面霍布斯的思想那里，这种思不经过中介，即不经过独立的事和尺度的先行赋予的中介。霍布斯把思规定为与国家打交道的思，因此指派给思一个完全不同的任务。另一方面，洛克的思作为世界理性的思，也包含在霍布斯的先行赋予中，它区别于自然理性，自然理性之思的中介是神学所产生的一种印迹（eine theologische Prägung）。

因此，洛克研究的理性不是作为"原则能力"的理性，而是知性，这种知性在认识上未能达到其规定性，它以经验为依据（II, i. 2），这种经验是世界性的经验。

洛克一反首先与概念打交道的逻辑传统，这同霍布斯的思想开始于对物体的意识是一致的。处在第一位的不是概念，而是人的诸种认识能力，这些认识能力在为它们而显现的客体那里活动着，换句话说：处在第一位的是知性认识活动的方式及其界限。洛克并非开始于决定思维方式的对物体的意识，而是开始于思及其活动自身；开始于"知性如何获得那些我们对诸物具备的概念"的方式和方法。

2. 经验作为可靠知识的唯一源泉

洛克在研究知性之前，先陈述方法。

25

为了分开意见和知识，必须检验哪些事物具有尺度，我们理应按照它们来赞同某一判断并衡量我们的信念。这种检验必须始终由一种有用且令人满意的意图来引导。这个意图就是达到诸多知识；这些知识，如同他在导言中所说的那样，对于"生活的舒适和美德的指引是必需的"。

这里已经呈现出洛克思想的世界性烙印：服务于和平，即服务于共同体的和平，以及服务于公共的福祉。人们若想在知识中超出这一点，便会陷于坠入深渊的危险，脚下不再有可靠的根基。

　　真正的工作开始于对这样一种理性之思的攻击。这种思要求如下确定性：先天原则、基本概念，以及所谓人的精神 [①] 原初所独具的文字符号，它们在知性中是现成的。与这种理性能力相反，洛克主张一种知性的经验和知性的获取。（I, iii. 17）

　　这种获取并非在理性接受的意义上来理解，即接受神性的"印象"（I. i. 1）。在洛克思考的视域中，这样的先行赋予是得不到证明的，也就是说，这种先行赋予既不在思辨方面（鉴于公理）、不在实践方面（鉴于道德、美德），也不在神学方面（鉴于上帝的观念）可以得到证明。人的知性原初地就是空的，是所谓的"Tabula Rasa"，即白板。它也不具有对上帝的观念表象。其他的主张都是纯粹的玄想。洛克给予思想与自身打交道的自由。与自然理性不同，没有任何所思（Gedachtes）具有权威。在洛克这里，没有先天承认的真理——既没有让个别者达致完满的规定，也没有预先设立一切现实的和谐。[②] 与此相应，理性的功德（Leistung）从根本上局限于对经验的协调和掌控。更准确地说，它掌控着将某些观念（Ideen）合成一个判断的联结活动。

　　不像在笛卡尔、斯宾诺莎和莱布尼茨那里，自然作为在整体中的自然，是思的根据，而是回溯到自然现象，自然只是思的起因。洛克探讨人的理解活动，不需要为认识从原则上澄清任何物的给定性（Gegebenheit），而只需要承认知性就是具备观念（Ideen）这个

---

　　① 　von Bar 本书洛克部分出现的"精神"一词为德语词 Geist，对应于英语单词 mind。为保持全书行文用语的统一，洛克部分的 Geist 保留"精神"的译名，不另译为"心灵"。特请读者留意。——校者

　　② 〔德〕贺伯特·博德：《形而上学拓扑学》，弗莱堡／慕尼黑，1980年，第449页。

事实。

也就是说：没有必然而永恒的真理作为认识的根据，而是从中解放出来的思，对于这种思，感性知觉的自然现象是我们的观念表象（Vorstellungen）的起源。

自然赋予知性配置上的条件（Ausstattung），提供知性在外在和内在"经验"（II. i. 2）上的贮备（Vorrat），这种经验是有限的。

从对这样的人之判断能力的诸多界限的知中，同时也成长出一种对自身判断的、自然的自我确定性。它使人与人之间的理解变得可能，而人是某个特定共同体的公民。① 此处我们又遇见这个思想，它对于霍布斯已经具有中心意义。

思的有限性使得人们可以把握思想，同时使共同体内的所有人能够相互接受。

因此，处在第一位的不是精神②，不是精神的自然科学考察或者精神本质的规定，也不是对感知（感官感知）运动的自然科学的研究，而是对人达到知识与认识之道路的观察。他所用的方法是"历史的方法"，很明显："历史的浅显方法"（I. i. 2）。这是自我观察的方法，检验"我们的知性如何获得诸物的概念"，进一步说是通过赞同和赢得自身的、（我愿称其为）自由的信念。洛克在其他地方说的是"人自身不含偏见的经验和观察"（I. iii. 26）。因此，洛克也没有提出教授（知识）的要求。他只想进行研究，并且仅仅基于自身的理解经验。这显然不以科学体系为目标，而是为了了解一切与我

---

① 〔德〕博德：《形而上学拓扑学》，第409页。

② 同前页"精神"的脚注说明，此处的"精神"为德语词Geist，对应英语词mind。后文出现"精神"处将不再赘述。——校者

们的生活息息相关的东西。①

上帝是全知的。我们的任务却不是知晓万物。这种要求是过分的。"人有一切理由，满足于上帝为他们恰如其分所造的东西"，即所有那些"生活的舒适和美德的指引所必需的东西"，以及"那些生活的愉悦与更好的生存之路所必需的东西"。(I. i. 5)

自我观察的方法使人脱离权威的监护，远离某些人的原理，这些人在标榜其天生状态(Angeborensein)时，一心只想着能够更轻易地"统治和利用"人(I. iii. 26)。洛克想要引导人们远离玄想、不安以及可能的误导和偏见，这些东西都是因为人们和超出理解力的诸物打交道而产生的。"无所不包的知识"不是我们所能达到的，这些知识的天赋状态(Eingeborensein)无法证明。的确存在着我们无法知道的物。

但是神性自然赋予我们知性，其原则如下："人必须为自己思考和认识。"(I. iii. 24)在这个准则中知性是实体性的。

"天赋概念"(innate notions②)的第一卷结束于此，它包含着洛克思想的基础。拒绝天赋概念，这创造了不在概念的把握和被把握的方式中呈现掌握(Erfassen)的前提，而是如前所述，在理解的方式中来呈现撑持，这种理解不依据概念和原则，而是依据经验。

27　　　以理解的方式来掌握某物有三个层次：第一，在某物这里已经关涉观念，关系着已经在知性中得到诠释的东西(das Ausgelegte)；

---

① 〔德〕博德："世界理性的运动"，第236页及以下。

② 商务版《人类理解论》中译本将 innate notions 翻译为"天赋意念"，为保持作者 von Bar 在德语和英语中行文的一致性，本书仍旧将英语的 notion 翻译成"概念"，与德语的 Begriff 对应。——校者

第二，这种诠释（Auslegung）和理解运用符号和语言；第三，语言联结观念，必须从清晰性和明确性上评判这一联结，语言作为判断在知和意见中辨别自身。相应地，洛克著作的划分是："论观念"，"论语词"，"论知识和意见"。

洛克首先发问，如果精神完全没有观念，是一张未写的白纸（II. i. 2），它从何处获得贮备和动产。"精神如何达到观念的巨大储备，人的忙碌而无限的想象力用它画出精神？人从何得来思量和知的所有材料？我用一句话来回答：从经验而来；我们的知只建立在经验的基础之上，最终从那里推导出来。"（同上）我们把经验设想为画廊；观念是图画，来自想象力。想象力的生产却依赖于材料，它从并且只从经验中汲取材料。

观念由感觉或反省构成。（II. i. 3 f.）正是在观念上，知性变得具有因果性。观察或经验必须是内在或外在的，因为精神在自身不具备思的材料。

但是精神也不能够直接从外部对象那里获取材料，而是必须加工它们。对材料的加工本身，成为经验的第二个源泉，即在对这些精神"活动"加以反思的方式中。"活动"令人想起霍布斯学说中的"计算"（computatio）的任务，因为知性活动本质上在于观念的联结和分离。从对这种活动的反思中产生的观念，是知觉本身的观念，是思、怀疑、信仰、思量、知和意志的观念。

与自然理性的思不同，比如在斯宾诺莎那里，反思仅仅通过对确定性的要求，对检验某观念的真理的要求，而得到规定，准确地说，是对某概念的真理的要求。对于洛克，并非反思观念本身，而是反思知性之于观念的运作——如感知转化为某一观念。

　　知性能够通过五官把精神引向简单观念，然后形成某种贮备，反思、比较这些观念，把它们结合成复杂观念。人只能在这条路上接受观念。在运用其知性时，他的力量到此为止。人既无法发明观念，也无法形成或者消灭观念。

　　在所有由感觉获得的观念中，洛克把一个稳定的观念标识为对于现有目标具有特殊意义的观念。我们从它得来许多清晰的观念。(II. xxiii. 30)稳定的观念产生于反抗，产生于这样一种坚守，它使一个物体对抗另一个物体，后者在前者离开它所充实的空间之前便要占据这个空间。感知把这种观念十分频繁地引向我们。通过感28觉我们把物体当作充实空间的物。洛克因此引入了在我们内心产生观念表象的物体，以此引入了霍布斯的先行赋予。这些物体是由各种质性来规定的。

　　它们是：形态、外延、数和可动性。其他的质性如：颜色、气味、口味、温度、噪声，是第二性的，即不在物本身中。它们的规定性与我们的感官特性对应。处在特定的力或微粒的作用下，这些力或微粒源于物体，但本身却不被认作物体。第一性的质性与物体不可分，是客观的，而第二性的质性，只产生于主观表象。

　　洛克说明了观念的历史。知性获得并保留这些观念，在它们当中，精神的态度首先是被动的，无法自己造出它们(II. xii. 1)，如知觉、记忆、辨别、比较、组合等。在说明了观念的历史之后，洛克转向对复杂观念的研究。"复杂观念"区别于"简单观念"，它们由精神从简单观念中任意生产出来。这种力量使得精神有可能任意改变思想的客体，并将之多样化。精神观察的这些对象，它们要么是情状(Modus, Modi)，即依赖于实体或作为实体的属性，如三角形、感激、谋杀等；要么是由简单观念组合而成的实体，如"铅"的观念，它产生于无规定性的实体观念与简单观念的联结，这里的简单观念指一定量度的重量、硬度、韧性和可融性等；最后，精神观察的对象也可以是各种关系，这些关系的规定源于观念的比较，如父子、大小、起因和作用等观念之间的比较。

实体非简单观念，因而不能够直接从感觉或反思中获得，而是由我们的知性所造。洛克攻击传统的实体观念，一方面它是某种单纯的、给予统一性的事物，另一方面它又是某种独立现成的事物。

反思的观念是精神活动，其中最重要的是理解和意愿。精神的诸多力量乃至它的活动是知性和意志。（II. vi. 2）下文即将讨论力量的观念，在分析这种观念时，洛克会更进一步地谈到这些精神的力量。

而在这里已经确定的是，知性和意志的力量需要趋向行动，因而同苦与乐、生存与统一、暴力与后果这些简单观念联系在一起。（II. vii. 1 ff.）所有这些观念是简单观念中最重要的，精神拥有它们，从中造出全部知识的其余部分。（II. vii. 10）对于知性，这些观念是它用来独立形成其经验的材料。概括而抽象的观念如空间、时间和数，以经验为基础，从观察中得出的无限观念，以及从反省方面而来的快乐和痛苦的方式也是如此。从这些感觉中推导出对某物是好或是坏的判断，进而推导出产生我们对激情的不同观念的东西。（II. xx. 3）

在第二十一章中，洛克发展了知性的核心思想：力量（die Kraft）或权力（die Macht）；并且正是鉴于自由的观念来发展这一核心思想。再来一次、他研究的对象，不是力量的来源问题或力 29

量的本质问题，而是"我们如何达到力量的观念？"这一问题（II. xxi. 2），因为只有通过自己的观察才能回答这个问题。

　　精神每天知觉到简单观念的变化，它在外部世界的诸物中观察这些变化。变化将洛克引向力量观念，他把力量定义为促成或承受变化的能力。这种能力有消极与积极的两面：消极面在于，它局限于对观念或思想的单纯接受，积极面在于，它是任意的，即基于自身选择，进行某一运动乃至包括实施某项行动。这个思考促使洛克区分知性和意志。（II. xxi. 5）知性是产生知觉的力量。意志是选择完成或者放弃一项行动的力量。就两种能力的次序而言，意志决断直接地跟在知性判断之后。（II. xxi. 71）从对意志力量的观察，我们得出自由和必然性的观念。我们有能力选择某一特定的行动或者放弃它，但也可能无法按照这一选择来行动或不行动：这种情况下，我们不自由。自由的观念是行动着的本质存在者（ein handelndes Wesen）所具有的力量观念，即执行或者放弃任意一项行动的力量。如果这样的本质存在者无法思想，不能表达意志和展现意志，那么就是必然性（II. xxi. 8），与自由相区别。自由不属于意志，而是属于行动的人。（II. xxi. 14）自由不可能是意志的属性或者变形，因为意志同样只是人的精神力量。相反，意志通常为外在力量所规定，即欲望得不到满足。（II. xxi. 31）这种不快（Unbehagen）是行动的推动力，总是由一种不幸（Übel）所激发，我们想逃离这种不幸，怀着在完全无痛苦的状态中达到幸福的目的："消除不快是通往幸福的第一步"。（II. xxi. 36）

　　这种不幸在身体上起作用——作为痛苦，激情——是当下的，比不在场的善的单纯观念和现象远为强烈地规定着我们的意志，所

以宁愿消除一种不快，比如消除严重的身体痛苦或不可遏制的激情
或某种迫切的报复欲，以便追求某个当下的幸福。所望不在于永恒
极乐。（II. xxi. 38）

这个观察对于洛克在宗教上的看法是重要的。经验表明，意志
并非如传统所见是由对至善的瞻望（Ausblick）来规定的。否则将
无法理解意志在任何时候都可能回避天堂的至乐；一个永恒的未来
之在显然会抵偿对世间欢乐的希望。所以，规定当下的是缺乏而又
迫切需要的东西，而非对未来天堂的永恒幸福的追求。由此可见，
对思想的进程来说应该忽略宗教。

追求所缺乏的东西，其根据在于不快的规定，这里我们遇见霍
布斯已观察过的思之开端的否定性，它对于公民社会中一切力量的
施展具有规范性的意义。人倾向于优先排除压迫他的不幸和痛苦，
所以一般情况下把实现遥远的善推在后面。因而他遇到这样的危
险，也就是分不清幻想的、怯懦的善和真实的、永久的善，没有相
应的行动，丧失真实的幸福。诸多欲望只有达到平衡状态，其实现
经过妥善的思量，真实的幸福才可能降临。

为此需要首先打断欲望直接产生的效应，精神在实现和满足一
个愿望时"停顿下来"（II. xxi. 47），思考它在哪方面具有力量。这
为精神创造了斟酌考量的空间，也就是考察欲望的客体，从各个方
面检验它们，针对其他欲望客体来进行权衡。

洛克对自由的理解，正是冲着这种判断能力。自由，它使具有
理性天赋的生命卓越；它是检验和判断我们意向中的行为好或坏的
自由。因此，至善至美在于孜孜不倦地追求真实和永久的幸福。说
的是建立起来的自由；并非人们拥有的自由，而是人们必须拿起的

自由,并且是判断的自由。真实的幸福要求怀疑,这就是说,对直接的反应保持克制和谨慎。"必须追求真实的幸福,这是一切自由的基础。"(II. xxi. 51)一旦判断错误,人就失去这一幸福。

导向幸福的行为有现实的或假想的烦恼(Unnehmlichkeiten),这加重了人们的错误判断。通过把烦恼看作服务于更伟大和值得追求的目标的手段,我们能够改变粘附在诸物和行动上的烦恼,洞察到这一点,将有助于避免错误判断。

这样,对待美德的态度,一如对待饮食。我们相信饮食促进健康和力量,从而能够改善饮食。(II. xxi. 69)

洛克考察简单观念以及相同性质的简单观念的组合,他把这种思考与如下认识联系起来,即真正愉悦地塑造诸物或行动,在其中锻炼我们自己,并且养成真正良好的趣味,这是我们的力量能做到的。

凭借"复杂观念",精神任意拓展其思考的对象以至无穷无尽。精神所造的对象或者是具有相同或不同类的情状(Modi),它们依附于某个实体,或者是诸多实体,或是诸多关系,关系的规定产生于诸观念的比较。实体就是简单观念的结合,简单观念以某物为前提,隶属于某物,并在某物中持存,而我们对某物却不具有清楚明白的观念。(II. xxiii. 37)

我们既不知道精神的本质存在者(Wesen)之实体,也不知道物体的本质存在者之实体。(II. xxiii. 30)

关于诸物本身,精神拥有简单观念或复杂观念,此外,精神在 31 对诸物进行比较时还获得了其他的观念。洛克称这种考察方式为关系。属于关系的有:同一和差异的观念、起因的观念等。

　　洛克对"在知觉和认识诸物时，精神如何运作"的研究在这里结束。想要熟知这一点的人，必须先去理解"观念具有怎样的起源"、"在什么方式中存在着简单观念和复杂观念之间的差别"、"复杂观念如何划分成情状、实体和关系这三种观念"等问题。

　　知觉却面对着必然会出现的危险。这些危险在判断中导向迷惑。观念自身有两个方面。它们清楚或昏暗，明确或迷乱，现实或虚幻，相等或不等，真实或虚假，正确或错误。以实在的或想象的观念为例，可以看出思想中展开的视野的局限。

　　针对观念的实在特征的规定，洛克提出，这些观念只与诸物力量的持续作用相吻合、与其合规律性相一致。（II. xxx. 2）再一次，思无须关心物的本质，因而无须产生观念与本质的"一致"（II. xxxi. 6）。

　　最大的危险（II. xxxiii. 18）是以这样产生的错误为出发点，即出自习惯而使观念错误地相结合，形成观念联想并让它们长久地发挥作用。这些无关联、彼此独立的观念的错误结合，在精神中具有巨大的力量，它把我们的行动和激情、我们的推理乃至概念逼迫至一个错误的方向。因此，需要对之报以最高的关注。

　　在第三卷①中，洛克研究了语言的性质，运用和意义。

　　无论是为了记录我们的思想，还是为了把思想传达给别人，没有名称乃至语词，思想则无法表达出来，因而研究语言的性质、运用和意义是必要的。对于洛克的思想进程来说，这一对语言的研究导向了十分重要的认识，即语言是不完善的，因为语词在其含义中

---

　　①　指《人类理解论》第三卷。——校者

是可疑的、不确定的,并且这是由语词对应的观念之类别引起的(III. ix. 1)。疑问最少的是简单观念的名称。最不完善的是强行组合起来的、混合的情状和实体。对它们的错误使用阻断了通向认识的道路,或许也阻断了避免争执的道路;"因为认识的对象是真理,它必然始终同各种命题有关。"(III. ix. 21)

语言除了自然本具的不完美性以外,仍有一系列由人所造成的、故意的错误和疏忽之处。

洛克的批评尤其针对好辩的(disputierend)经院哲学(III. x. 7 ff)。他称学者的辩论对于社会是一种无用的技能,它与认识之路正好相反。它给人的诸多事务、给法和神学的重要准则及诸多真理带32 来无序和混乱。那些为称赞和影响而操心的学者,他们用不可理解的表达掩盖无知,洛克在其对立面确立了"非学者式政治家",他的语言不以在争论中获胜为目的,而是关心人的和平、对和平的保障以及人的种种自由。此外,洛克宁可推举"没有学问的手艺人",他们为"有用的诸技艺的进步"而操心。(III. x. 9)这些政治家和手艺人能够清楚明白地表达自己,"使语言的简单使用变成善举"(III. x. 10)。因为,对于人来说关键的地方在于,"如其所是地认识诸物,行义务之事"(III. x. 13)。因此必须对语言的不完善及其滥用采取应对之策。在挑选那些他指望产生和使用这些手段的人时,洛克主张一种极有分寸的克制和谨慎,他认为这对于所有"寻求真理"的人来说是不可或缺的。"市场和交易所"则相反,必须保留自己的表达方式,以及保留它们过去的"闲谈"特权。(III. xi. 3)因而,力求恰当表达自己的人的圈子继续存在,他们实施并完成洛克所追求达到的自我教养,这仅限于那些为追寻真理所规定的人。

第二卷研究观念自身，第三卷研究观念的符号，接着，第四卷研究两者之间的关系。这样我们遇见洛克的思关系项中的第三个契机，即相互关系。它是知识构成的前提。

精神考察观念，在相互关系上检验它们，目的在于构建知识。洛克定义知识为对两个观念表象之间的"一致或不一致的知觉"。

观念的一致是在四重方式上形成的。观念或者相同或者不同，有两个观念之间的关系，有在同一个对象中的共存，最后也有"实际存在"的观念。一个知识要么是"现实的"，要么是"习惯的"。精神要么是当下地知觉到一致，要么是在精神中形成一个命题，纳入记忆中，这个命题能随时作为正确的被调度出来。惯常的知就自身而言显示出两个程度。要么是"直觉的"①，要么是"推论的"，也就是依据证明。（IV. ii. 3）不能纳入这两组的，就其关系到普遍真理而言，只是信念和意见。鉴于个别事物的存在，也可以把由感性知觉中介的东西（感性的知）标识为知。

人的知是有限的。它首先无法超出观念，这些观念构成知。知在于对观念表象的一致或不一致的知觉，所以其范围由知觉能力的范围决定。再次，我们借助直觉的、推论的思维来构建涵盖我们所有观念的知，这是有局限的，而借助感性思维的知识比前两种更加狭窄。这将洛克引向如下认识，即我们的知比起我们观念的范围还要有限（III. iii. 6）。我们具有对自身生存的直觉知识，对上帝实存的推论性知识和对任何其他事物的感性知识，这些事物不超出我们

33

---

① 在这些情形当中，精神把"白不是黑"确认为真（即知觉到（wahrnehmen）"白不是黑"——校者），这就是说，精神无须费力完成一个证明。他第一眼就捕获了这样的真理。

当下的感性知觉。(III. iii. 21)

必须分辨的是：洛克的认识始终是有限的，因为它以观念表象（Vorstellungen）为前提，观念表象依据我们的单纯经验。它并不建立在先天之知的优先性上，先天的知为第一哲学所承认，并且是概念把握的知。它会是理性之观念表象的整体，知性并不了解这样的整体。

如洛克所说，由理解活动所获得的知缺乏确定性，因为可以在单纯想象中制造出一致或不一致，这些想象不愿再作为空中楼阁。(IV. iv. 1 f.)因此，需要我们的观念与众物之实在（Realität）的一致，以获得"实在的确定性"（real certainty）。

洛克明确地把这种知识标识为"那些我迫切需要的东西"(IV. iv. 18)，这种知识引导他走向真理的规定，与霍布斯不同，这种真理的规定处在澄清思的视野中，而不是在澄清事的视野中。

真区别于假，而非不真；因为真只关涉符号与其所标识的物之间的一致或不一致。(IV. v. 2)真不超过观念表象的可能性范围。洛克以这种方式限制真，因此很清楚的是，他的理性意图不可能与自然理性所确立的真理发生争论，因为——他不断强调这一点——真理的"本质"及其神性特征都不是我们的认识能够企达的。①

真理存在于所思和所表达的命题中。言辞中的真理可区分为言语的、无内容的真理，和实在的、教诲性的真理，后者形成实在的知的对象。(IV. v. 6)真在于：如其所是地在言语中表达观念表象

---

① 洛克还在《人类理解论》的引论(I. i. 5)中阐明了这一点：因为我们知性的理解力远远不及众物的庞大规模。也可在 IV. xii. 11 中找到说明。

的一致或不一致。假在于：没有如其所是地在言语中表达观念表象
的一致或不一致。由语音的方式再现的观念与它们的原始形象相
一致，只有这样，真理才是真实的真理。这个由其局限而标识出的
真理，可能远不及普遍完善的真理，却对人们非常适用，让人获得
"对其创造者的知和对自身义务的洞见"（I. i. 5）。所以，道德是通
常所说的人类的真正科学和使命。（IV. xii. 11）

　　道德敦促具有世界情思（mundane Gesinnung）的人，通过掌握 34
普遍的生活方式和用于统治自然的诸技术（IV. xii. 11），完成其使
命，达到人的至高之善（summum bonum），实现普遍福祉的目标和
每个个体的自我保存。

　　然而，我们的知受到进一步的限制。它既不是完全必然的，亦
非完全取决于自身的意愿，因为所有人的知并不相同。人们除了在
自身中接受特定的观念以外，没有其他方式。人之所见，人之所知，
不依赖于他的意志：

　　我们如其所是地、而非如我们所好地去认识诸物。知性的种种
意愿受到限制。"我们的意志没有力量以任何一种方式决定心灵的
知识"（IV. xiii. 2）；人的自由只在于决定观察或不观察这个或那个
对象。

　　如果只信赖具有可靠之知性质的知识，人将无法学会主导生活
并完成其使命；因为这种可靠的知局限在相对较少的事物中。

　　因为局限，人只能退后一步解放自己，从"清晰和确定的知识"
退回到"判断"（IV. xiv. 3），因此不是退到对真假的区分，而是回
到对概然性高低等级（Abstufungen der Wahrscheinlichkeit）的区分。
概然性很适合被看作是真理，即在实践判断意义上的真理。洛克

将概然性定义为关于一致的表相（Schein），由于缺乏证明手段（IV.
xv. 1），所以，如果"支持"和"反对"的证明手段不足以达到高概
率，人们还是应该放弃这种判断。洛克反复强调对某一事态的高概
率的根据的判断。判断意味着，假定某物是这样或那样；不带有确
定诸物一致或不一致的知觉，而是单纯地去推测。（IV. xiv. 4）

根据无法总是在当下呈现，只要先前确认过根据下，在进行假
设或做出赞同的时候，人应该求助于记忆。于是出现一种必然会遇
到的危险。人们往往错误地觉得早先已经周全衡量过了某一个判
断。他们幻想已经做出了正确的判断，因为他们从未怀疑过或检验
过自己的意见。（IV. xvi. 3）由此形成了错误判断的习惯。

如何应对它呢？意识到不足之处、自己的偏见和无知，并且努
力通过友好、宽容、善意的相互交流（Information）来克服它们。（IV.
xvi. 4）如果所有其他人的经验与我们的经验汇集在一起，那么就会
导向一种贴近知识的确定性。（IV. xvi. 6）这样去思考，在世界性的
视野中是最高美德。

如此赢得的知，甚至理应优先于原初的启示，即直接的由上帝
35 在人的精神中所唤起的启示（IV. xviii. 5）："无法承认与清晰的理
性证据相悖的启示"；命题若与我们的直觉认识相矛盾，则不能被
承认为神性启示，因为直觉认识是我们知的最高等级。（IV. xvii.
14）相对于动物，上帝给我们配备了"他手艺中最出色的部分，即我
们的知性"（IV. xviii. 5），如果在启示看来这些天赋是零、是无意义
的话，为何上帝会赋予我们一切认识的原则和基础、给我们配备知
性呢？

理性的一个还要更加重要的作用是，检验其他启示性的真理，

即书面或口头流传的启示真理。启示若与理性相一致，则或许能够确认理性的准则。但它无论如何不能使任何一个理性的决定无效。（IV. xviii. 6）

阐明启示以及它所激发的信仰与理性之间的区分，根本目的在于消除狂热。宗教狂热想要把忽视理性，将缺乏理性的信仰放在第一位。这种狂热辩护者的意图只在于，强迫他人信仰，借助于臆想的领悟，而不对它加以研究，更不用说对它进行证明。（IV. xix. 8）相反，理性是自然启示，启示是自然理性（IV. xix. 4），它们有着相同的本质："因而，取消理性为启示留地盘的人，他熄灭了二者的光芒"。狂热的激情放弃了自己知性的判断，甚至愿意违背一切概然性而去信仰。

把赞同依附于一般传统意见之权威的人，都放弃了知性判断。洛克尤其注意诸多哲学学说的追随者——即诸多哲学学派的追随者（IV. xx. 18），洛克认为他们有异于那些不研究这些学说的普通人。

上述研究表明，和霍布斯一样，洛克工作的重点都应该归入第一个理性关系项。现在我们转向对尺度进行中介的事。

3. 保护公民的私有财产作为政府的首要任务

在《人类理解论》中，洛克将普遍福祉和个体的自我保存提升为人类认识的目标。（IV. xii. 11）在《政府论》第二篇的导言中，他相应地把有待构建的政治权力（politische Gewalt）定义为：为规范和保存私有财产而建立法规的权力、执行这些法规的权力，以及为了共同的福祉，在陌生的非正义（Unrecht）面前保卫国家的权力（II. i. 3）。

由此洛克已表明，在结束了开启其理性关系的思关系项——即理解之思——之后，他将转向何种事的关系项。

在思想的建筑学中，思结束于相互关系这一环节，即观念和
36 实在的相互关系。这一环节作为事关系项的开端，是这样一种"实
在"，它与霍布斯的物体——建立在自由之上的社会——相媲美。①
洛克把这种社会设定为一种人在其中出于自然而生活的状态：即所
谓的"自然的"法状态（der sogenannte natürliche Rechtsaustand）。
在这种状态中，共同的权威尚没有权力。

洛克因而反对同时代流行的、回溯到《旧约》亚当之权威的观
点，即人生而无自由，只不过是生活在绝对君主制下的臣仆。（《政
府论》，II. ii. 4）洛克所思的自然状态里，人们拥有无边的自由来支
配他的人格和占有物，不依赖于他人的意志。（同上）对于洛克来
说，同类且同等的受造物，应该彼此平等地生活，没有从属和臣服
的关系，没有任何其他事物比这一点更具有启示作用。

不过，自由状态并非放浪无羁的状态。自由和平等的权利是有
界限的，即"自然法"（law of nature）的理性为它们所设定的界限。
人有义务维护和平，保存自身及整个人类。无人可以使平等而独立
的他人在生命、占有物、健康和自由上蒙受损害。自然法的根据在
全能造物主的意志和作品之中，造物主把人作为其所有物创造出
来，是投造物主自己的所好，而非人与人之间各投所好。（II. ii. 6）
（谁）违犯这条法规，将受到每个人自然权利的惩罚，并被要求去补
偿每个人的损失。（II. ii. 10）

每个人都既有权维护人类，也有权保存自我。（II. ii. 11）因而，

---

① 〔德〕博德："世界理性的运动"，第241页。

人人都有全权杀死一个谋杀者，一方面惩戒其他同类行为，另一方面在行凶者面前保护自己，行凶者在犯罪行为上表明，他已经向自然法的理性宣战，因而向人类宣战（同上）。不过，在惩罚力度上须注意罪与罚的等量比例与过度的禁令。(II. ii. 12)

它之所以是对人类的宣战，因为真理和信任属于作为人的人。因此，也自然地必须实现诺言和协定。

与霍布斯的观点相对，自然状态对于洛克首先是和平状态。(II. iii. 16-17) 就此而言，洛克思想的出发点在整体上不同于霍布斯。洛克也引入战争状态，不过是在否定性中。人在自然状态中遭受战争和毁灭、被剥夺和奴役。人必须意识到这一点。如果不愿损害自我保存的戒律，他就不可以屈从于他人绝对而专断的暴力，这种暴力可能导致对他的肆意屠杀或奴役。若某人剥夺他人在自然状态中的自由，由此得出的必然结论是，他蓄意损害所有其他人的权利。脱离绝对暴力，是人在自然状态的完满存在的整个条件，它是实体性的。此状态中，他是自身人格的所有者，是其身体劳作的拥有者，土地本身的主人。(II. v. 27 ff.) 虽然无人生来占有使人有权利将他人排除在外的私有财产(II. v. 26)，但是，自然的产品，在其能够为某人享用之前，必须变得特殊，这意味着，被占有。 ₃₇

占为己有（Aneignung）——因此也包括财产法——在这种占有施加于劳动产品的劳作、辛苦中，具备自然的权利根据。

劳作的人，从自然那里抽取出某些事物，用劳动给这样的事物增添一些东西，这排除了他人在同一件事物上所拥有的共同权利。(II. v. 27) 但是，自然法不允许无限制的财产积累。人只可以占有不超过他为了自己消费所必需份额的自然产品和土地，并且是在产品腐坏之前;因为人不可以让上帝造的果实烂掉。

　　土地的私人所有权也是以同样的方式来获得的。一个人耕作、种植、开垦、护养了多少土地,他能够从中产出多少价值,他就有权利得到多少所有权。(II. v. 32)

　　果实的可贮存性限制了由人所经营的占有物,所以人在自然状态没有理由扩大占有并由此引发斗争。随着金钱的介入,情况发生了改变,金钱的特殊性在于,它是持久的、不腐坏的事物。人在自然状态中还是默许或自愿地同意引入金钱。洛克认为这种方式是正当的,人可以以此方式占有大于自身需要的土地。(II. vi. 50)允许不平等的占有。通过金钱可以稳定持续地满足人的需求。通过开启私有财产王国(这一王国超出了每个个体以及个体所属事物的需求),洛克初步赋予了扩大生产和与之联系的社会财富积累合法地位。洛克的国家思考的是人之需要的满足。这是私有财产者的国家。自由的相互关系与财产相关,它是每一个人为自己而劳作挣得的。在财产上可以看到个体所生产的事物。个人自己创造的实体承载着个体。

　　以这种方式获得的生产性却会导致冲突;善的、并且而为神所愿的自我保存之冲动诱使人在对更多占有的渴求中堕落(II. ii. 37),甚至会堕落到导致犯罪的占有欲,即"邪恶的淫欲"(amor sceleratus habendi)(II. ii. 111)中。

　　如何应对这一点? 如上所述,洛克这样描述人的自然状态,人生而"拥有完全的自由,不受控制地享有自然法的一切权利(rights)和特权(privileges),同其他人一样"(II. vii. 87)。因而,他不仅自然地拥有权力,在他人的伤害和攻击面前保护其私有财产——洛克

所理解的私有财产是指生命、自由和占有物（Estate）——而且能够
审判和惩罚任何对法的摧残。尽管人在自然状态中有这样的权力　38
（Macht），但对他的权利（Recht）的享用却是不安全的，因为他不断
地面临他人的侵犯——处于战争状态中（II. ix. 123）。这让人甘愿
放弃一切自由受到恐惧与持续危险的威胁的状态，他与他人结成社
会，置身于政府的管辖力量之下，其伟大的目标在于保护私有财产。
（II. ix. 124）为此，人们在协定时将人的两种权力转让给社会或政
府（II. viii. 95），其一是做一切他认为对于维护自身生存和其他人
类生存正确的事（II. ix. 129），其二是惩罚（II. ix. 130），洛克认为
多种国家形式是可设想的。人们放弃其自然权力，并且臣服于由社
会契约而来的共同体国家的暴力，共同体国家通过诸法规的立法和
司法，能够保证公民和平地享用私有财产。这一契约的根据在自然
的理性法则中，其义务是自我保存。在共同体构建的完善中，公民
共同体以其因果性作为事关系项的第三个因素。

　　但暴力需要限制，在家庭（II. vii. 77）、在国家中都是这样。暴
力仅可以为了普遍福祉，依据牢靠的法规而施行，不可侵犯私有财
产，也不可转让于他人。可以由一个人或一个集体（II. xix. 143）
进行统治。洛克区分立法与行政，将立法标识为最高权力（II. x.
132），立法是第一个根本的实证法（II. xi. 134）。只有这样，法才能
够具备使法成为法所绝对必要的东西，即社会的同意。这里法作为
法、合法性，获得了新的尊严。

　　立法的权力有如下条件：法得到公开宣示，是稳固的，目的仅
仅在于民众的福祉，提高税收必须得到民众的赞同，立法权只能转
让给国民全体。

　　与孟德斯鸠细致复杂的分权相比，洛克的分权学说是简单的。孟德斯鸠给每一个社会的重要权力以一个特殊职能，每个职能应该限制其他权力的职能，于是产生权力制衡的系统。洛克的分权学说尚不了解现代的立法权[①]、行政权和司法权的分立。

　　洛克在这里结束：如果立法者滥用其转让而来的权力，民众有权利反抗乃至造反。这种情况下，国民全体脱离臣服关系，并且有权自行立法，或者建立新的政府形式，或将旧形式下的政府转交给新手。(II. xix. 243)权力是被托管的——是信托性的权力(fiduciary power)——，因而每次遭到滥用时都可以被收回。

　　霍布斯在《利维坦》中，出于安全考虑，认为自愿臣服于君主是必要的，相反，洛克反对绝对君主制。在霍布斯式的感知中，洛克看不到对人的理性的赞赏。他在《政府论》第二卷第七章第93条中强调："以为人是这样的傻瓜，他们虽然努力防止鼬类或狐狸可能带来的损失，却认为被狮子吞食是幸运的。"

4. 公民法规（das bürgerliche Gesetz）[②] 的永恒约束性

　　第三步，尺度关系项从事关系项中成长起来；尺度是规则的管控（Regelung），它具有约束力，而且在私有财产的意义上，它必然具有永恒的约束力。不允许以任何方式置疑财产关系本身。因而需要保护财产关系，也就是保障构成个人的自力更生的生命的东

---

　　① 〔英〕J. W. 高夫：《约翰·洛克的政治哲学：研究八篇》，牛津，1956年，第93页及以下。

　　② 这里的"公民法规"，原文为 das bürgerliche Gesetz，一般翻译为"民法"、"民事法律"。为了突显近代的"民"、"民事"是指公民意义上的"民"，以及从全书翻译一致性上来考虑，这里采用"公民法规"的译法。——校者

西，这不是自然的生命，而是由劳动而来的生命。这种保障是通过不可触犯的法制（Gesetzlichkeit）实现的。无论怎样令人诧异，法制的不可触犯性在它的神性中。神性再度由洛克完全传统地在摩西法的意义上来理解，然后深化为基督教的法规。

公民立法所得出的事牢系在神圣法则的尺度上，"生与死的持久稳固的尺度"①，它首先在自然那里"被启示出来"。但它也写在"上帝所启示的经书"（《基督教的合理性》，XIV, 281）中，最先是摩西法，作为在上帝造物的法，即上帝的实证法。它说："行此，你将生；僭越，你将死"。洛克将之区分为政治宗教部分和伦理部分。前者仅对犹太人有效，而不对基督徒和异教徒有效；后者则对所有基督徒和所有人有效，无一例外（III, 22）。它符合永恒法的规范。

对于非犹太人，法并非给予他们，而是"写在他们的心上"，②因而是自然法。这是法的道德面向，对于每一个人的行为态度都是规范性的，因而具有因果性。"启蒙人类中的大多数"（XIV, 281），这需要"关于道德和遵从的浅白直接的法规"。它们必须容易理解。

洛克之后将摩西法深化为基督教的法规，即"信仰之法"。基督徒的优先权在于，他们因为信仰的缘故而得到了上帝的正当义理（von Gott gerechtfertigt zu sein）（III, 22）。

要求人们行基督徒的行为举止，以便使人的罪被赦免，抵达永恒的生命。哪些行为举止是基督徒的行为举止呢？

洛克引用"《约翰福音》第 3 章第 36 节"来回答："信子的人有

---

① 〔英〕约翰·洛克：《基督教的合理性》，收于《著作》，第二卷，牛津，1999 年，第 13 页。

② 参见：〔英〕约翰·洛克，《基督教的合理性》，收于《著作》，第二卷，牛津，1999 年，第 18 页，注释五，罗马人 2,14 f.

永生；不信子的人不得见永生。"什么叫作"信子"？霍布斯（《利维坦》，XXXIV）也认为，"耶稣是基督"，洛克把基督信仰集中在对这句话的赞同上："耶稣曾是基督或弥赛亚"（《基督教的合理性》，VI，47）。他一开始谈的并非耶稣基督，而是弥赛亚，明确指出，这个词最初是对希伯来文"Messias"的希腊文翻译："受膏者"（der "Gesalbte"）。弥赛亚是成肉身者；他是上帝预言的救世主和国王。①《新约》涉及这一点。洛克特别指出："信仰要求相信耶稣是弥赛亚、受膏者。"（XI，213）对这一思想的研究在洛克这里占有很大分量。这一研究展现了新的神性法规的权威的核心特征——新的神性法规由作为国王的耶稣所颁布，它被规定为公民思想尺度展开的根据。

　　参照《路加福音》第 8 章第 21 节，洛克一方面论证了对"耶稣是弥赛亚"的赞同与承认，另一方面论证了对耶稣之法的顺从；换句话说，遵从"其关涉修行（practice）的教导"（XI，92），以忏悔的方式。洛克不仅把忏悔理解为对于所犯罪行的洞察，而且同时理解为回转到新的、相反的生活中，进入善的事业，与基督的法相一致。（XI，197）因为：基督来到世间，"是为了改造堕落之人的败坏状态"（XI，212）。

　　这既是新王国的法，也是全部人类的法；依据此法，所有人在末日，都要按照他是否努力地严格遵从此法，来清算他的罪过。（XI，2）

　　要求怎样的遵从？不是完美无缺的遵从；因为人出于自己的力

----

　　①　涂油礼既是在加冕即位时俗世国王尊严的外在符号，也是前基督教时代的统治权力的外在符号。

量无能力达到此般遵从。人天生地在诚实正直方面有欠缺。(XII,
232)所以他们依赖于神性的恩惠。如果他们真诚努力地遵从(XII,
233),承认这一新王国的法,听从它们,那么人的弱点和不完美、
他不遵从法的行为,可以由信仰来匡正;因为人若只相信弥赛亚,
不遵从弥赛亚的法,是不够的。

这是怎样的法?洛克研究了耶稣的话,正如在约翰福音和对观
福音书中,在彼得和保罗那里白纸黑字写得那样(XII, 215),把它
理解为命令,洛克从而发展了这一思想。据此,耶稣一方面证实了
《旧约》的全部道德准则。(XII, 217)另一方面,他使这些准则完善
起来(XII, 218),赋予它们"完整而清晰的意义",不带有任何犹太
教学者和法利赛人的诠释及其歪曲和削弱。

洛克对耶稣要求的陈述从《马太福音》的经文(Matt. 5,22-26)
开始:不仅谋杀(《旧约》的要求),而且无明的愤怒,甚至藐视性的
言谈,都是被禁止的。

耶稣首先命令同道,以和解和友善的态度对待敌手(《基督教
的合理性》,XII, 218)。

接着,洛克缜密地研究了耶稣自己或使徒们所要求的"道德义
务",洛克说:我相信,在任何地方都再三明确地提醒着耶稣的信 41
徒们要牢记义务(XII, 231)。洛克认为,主最清楚的语言以及新盟
约不可或缺的条件是:"你们饶恕人的过犯,你们的天父也必饶恕
你们;你们不饶恕人的过犯,你们的天父也必不饶恕你们的过犯。"
(Matt. 6,14 f)鉴于地狱之火的惩罚,耶稣不仅禁止现实的不贞,而
且严禁放荡的欲望、无理由的离婚、交谈时的诅咒、法庭面前的伪
证假誓、复仇欲、追求回报、引人注意的施舍、乞讨和苦行、祈祷时

的喋喋不休、占有欲、为世俗诸物的担忧。另一方面,耶稣要求我们爱仇敌;为憎恨我们的人做好事;为诅咒我们的人祝福;为侮辱我们的人祈愿;耶稣要求在疾病面前的忍耐和温和,以及谅解、宽厚、慷慨和慈悲。(《基督教的合理性》,XII, 218 f.)

耶稣的法概括为如下三条:"你们愿意人怎样待你们,你们也要怎样待人"(Matt. 7,12),然后是,"爱邻如爱己"(Luk. 10,25),最后是新的戒律:"我怎样爱你们,你们也要怎样相爱"(Joh. 13,34)。洛克对这些戒律不做区分。相反:它们共同地标识出耶稣的法。

依据神性的裁决,信仰和遵从法去行善,孰高孰低? 洛克划分两种人,一种人至少得知弥赛亚到来的应许,另一种人从来没有听过已预示或已经到来的弥赛亚,因为上帝向每个人要求的是他已经给予的东西,而不要求他未给予的东西。(《基督教的合理性》,XII, 252)

认识神、忏悔和真诚遵从法的人,将因神恩而获得正义,他们的信仰能够弥补其功业的不足。(XII, 240)为此,人必须遵从并承认法。作恶者则相反,他们缺少为了达到完善的努力,无法指望上帝的恩惠,只有等待被罚入地狱的审判(同上)。

那些从未听过应许和启示的人,因而无能信仰,但他们还是有可能在上帝面前被宣判为正义的。上帝向他们启示了"理性之光",神是善良而仁慈的。(XIV, 252)这正是神性自然和神性之知在人当中的火花,这个火花使人成为人,并且也向其指明作为人而遵守的法。谁这样运用上帝的启示,认识到什么事物与他的义务相应,就算违背了他的义务,也能够不失去和解与宽恕之道。(同上)

我们清楚地看到,在洛克的世界视野中,基督的知不是公正行为的唯一和不二的基础。

法是关于正义的永恒不变的规范。上帝作为法的肇始者，这位
忍耐而安抚众生的神，如果那些尚未认识他的人坦白罪过、不赞同　42
所犯下的不义、请求原谅并且做出在未来按照他们所承认的公平正
义之法而行事的严肃决定（XIV, 253），那么上帝就会在他的恩典中
原谅这些人。自然之光为这些人点亮这条通往和解的路。

公民立法的尺度是神性的法，它首先由上帝启示在自然中。它
深化为基于救世主基督的基督徒行为，与人的理性努力相对峙。只
有基督有能力以简单易懂的语言让大众信服，相信只有一个神，只
可以承认和崇拜他，这是他们的义务，他们应该养成的美德。相反，
在前基督教的世界没有这样的"伦理体"（Body of Ethics），作为
自然法的理性原则确证这种伦理体的存在，它涵盖了生命的全部义
务。（XIV, 270）

由此社会获得另一个特征；在基督教戒律中变得成熟的神性
戒律，要求法的严格的普遍有效性。这指的是国家的法规吗？这一
点仍需要去辨别，因为国家总还是被理解为一个特殊的国家。相
反，法是严格普遍的；就此而言，理性法则具备理性的普遍性。耶
稣基于《新约》的启示为我们立下了道德法，这符合我们的直觉认
识。道德在此获得了确定的尺度，启示守护着这种道德，理性无法
驳斥它。

启示和理性两者共同证明，道德的确定尺度来自上帝这位伟大
的立法者。（XIV, 273）耶稣教诲的说服力在于：这些教诲摆脱了所
有的偏见或臆断，不受骄傲、虚荣、外部假相或功名心的打扰，"完
全纯粹，完全诚实。"他的教诲不多不少，呈现完善的生活规范，就
像最智慧的男子必然承认的那样，这种生活规范的唯一目标是人

类的福祉；每一个践行耶稣教诲的人，都幸福地遵从着这样的规范
（XIV, 282）。洛克进一步说：我们必须赞同并遵从它们。

赞同"耶稣是基督"并且遵从他的法，这才是所启示的特殊真
理。①

人如何达到所启示的真理的确定性？无法通过教会所传达的、
宗教式的遵从来达到。

神性不可以固定在教会里。否则会干扰共同体的自由。但是，
确定性也不能由世俗当权者的权威来取得；因为没有人能够——即
便他愿意如此——让自己的判断贴合他人的命令。真正宗教的所有
生命和权力存在于判断的内在而完满的确定性中，任何信仰都是信
以为真的信仰。②此外，没有惩罚的法就没有任何力量；惩罚并不
能造出说服力，因为只有内心才能培养出说服力。最后，只有一个
宗教真理，和每一个其他公民一样，当权者也有可能错失这种真理。
所以，对灵魂救赎的担忧只属于人自己，而不属于当权者。不能强
迫人达到判断的确定性。（《论宗教宽容》，16）借助于理性进行劝
导、教授、纠正错误，或许会产生说服力。洛克认为，意见（Opinio）
对于政治生活是基础性的。他关心的不是劝导，而是人与人之间的
相互理解。

宽容的赞同以及"基督教的合理性"有助于这种相互理解。只有
在对不同见解的宽容中，共同体的自由才会有效。相反，对于洛克，

---

① 〔英〕约翰·洛克：《基督教合理性之第二辩》，收于《著作》，第六卷，伦敦，
1824年，第421页。

② 〔英〕约翰·洛克：《论宗教宽容：致友人的一封信》（英／德），由尤里尤斯·艾
宾豪斯翻译和出版，汉堡，1997年，第15页。

教会的学说充斥着让人不安的矛盾。教会无法再为社会提供支柱。看得出，与霍布斯不同，洛克已不再与教会发生摩擦。教会在他的思想中几乎不重要，因为他完全而直接地深入到信仰、启示之中。新约福音解除了教会的社会角色。教会因而无法再威胁到国家。

为了维护每一个人的自由，需要宗教意见的相互宽容。它有两个基础，其一是国家权力与宗教权力相分离，其二是承认教会是有赖于自由的人的共同体；因为，当权者——国家或者教会，面临这样的危险，它们以操心公共福利和重视法为借口，粉饰迫害癖和非基督式的暴行。(11)每一位教会的神职人员只可在其共同体内部施行权威；绝不可插手公民事务。在宗教社会中，关于公民或世间财产的占有，不可达成任何协议；任何时候不得使用强制。因为强制完全归属于国家权力，对一切外在财富的占有都受其裁决管辖。(27)而信仰属于意见的王国，惩罚不造成另一种信服。教会因此只能是自愿的联合。

当权者的分内之事只在于，操心共同的事物不受损害，无人在生命和财产上遭受不义；只有这种操心为使用暴力提供合法性。但它并不赋予人们在自己或他人的教会中通过法规来强行实施或禁止某种教会仪轨的权利。

甚至国家在认为某种行为有罪时，也不可以横加干涉，即便是偶像崇拜也一样不可干涉。国家没有资格依据自己的判断来惩罚罪行，因为它面临着滥用暴力的危险。

比如错将占有欲、硬心肠和懒惰认作罪行。这些行为方式既不损害他人权利，也不中断公共和平和秩序。以宗教尺度的现实性来使用暴力，这对于任何社会都是不堪忍受的。宽容禁止任何个体只 44

因为他人从属于不同教会或信仰不同的宗教便以任何方式触犯他人的公民权利。不同教会之间的相互容忍也同样如此。不允许任何教会自以为拥有对其他教会的领导权或法的权力，没有哪个教会是正统的。这是因为人们无法裁定关于教义真理的争论。(33)

不过，始终否认神存在的人，没有资格要求宽容。"对于无神论者，不可能有忠贞，也没有契约，没有任何恒长的神圣誓约，而这正是人类社会的纽带。"假如"在思想中也扬弃了上帝"(95)，那么一切都将倒塌。

这听上去会很冷酷，但洛克的思想始终如一。立法不在神性的尺度下，就是无根基的，不能恒久牢靠。谁不承认神性尺度，也就不服从它。这种人的性情不可意料，并加重公民法制的危险。所以，他没有资格要求宽容。

宽容不在于，如我们今天听惯了的，可以随便想随便做，而是一切都必须保持在神性言辞和神性理性的清晰、可靠和恒久之中。

洛克所发展的尺度，如我们所见，是宗教性的尺度，在他研究的最后一部分，我们也遇到了这个尺度，遇到了这一作为每一个个体尺度的尺度。洛克称之为"最重要的思考"，它让政府和教会权力之间的紧张关系走向终结。

即使当权者的宗教观点是令人信服的，它所指定的道路也确实符合《新约福音》，但如果我不在内心里完全信服这条道路，遵循它对于我也并非救赎。不违背良心判断的道路才会带我通向极乐的居所。(53)不违背良心的道路才能使人通往救赎。(43)无论是对公共福祉的操心还是当权者立法的权利，都无法以比私人的专研更为确定的方式去实现救赎。无论是尘世的主人，还是牧师，都不会

比他人更熟悉那条通往永恒生命的道路。(47)

或许会有通向满足、甚至是通向幸福的道路，但没有通往极乐的道路。我可能会因一门手艺变得富有，即便我对它不感兴趣；我可能会凭借医疗手段而恢复健康，即便我对它不信任；但我不可能通过一个我不信赖的宗教或厌恶的敬神礼拜而获得极乐。

一个不信仰者接受另一个不信仰者忏悔时表面上的装模作样，这是徒劳的。只有依仗信仰和内在的诚实才能为上帝所接纳。(54 f.)即便某人忽视对灵魂救赎的关照，当权者也不可干涉。为了论证这一点，洛克做了一个比喻。因其根本看法明显受加尔文思想的影响，这个比喻是值得一提的。

如果某人自己不愿变得富有或健康，就不能强迫他变得富有或健康。(43)法必须禁止通过欺骗或暴力行为损害他人的财产和健 45康。但法不保护占有者本人的放任或经营不善。这一思想的积极一面在于，每一个人都必须在根本上自己为其经济和健康的利益操心。顺便提一下，这一思想明显在英美文化区比在欧洲中部具有更大的影响力。

当权者若能越少让违反自己意志的人为财富和健康负责，则上帝将越少让违反自己意志的人获得极乐。

信仰和内在的诚实，是洛克最后得出的尺度。从一切宗教事务的争执中解放出来的人，他们听凭其意见本身。他们被赋予依据自己的良心来达到信仰和内在诚实的自由；这构成了人的自我规定和尊严——这种自我规定和尊严因其自身而产生，这种自由是人的实体。由知性—宗教规定的公民来组成共同体，这标识出了洛克共同体的特性。

第二部分　莎夫茨伯里的思想

I.《论美德或功德》

　　不同于霍布斯和洛克，莎夫茨伯里直接开始于宗教主题。这样一种开端的直接性令人惊讶。如何解释这一开端？

　　我们接下来将会看到，莎夫茨伯里事业的目的是构建有教养的公民社会。它应该由对普遍福祉的喜好（Neigung）来规定，由对自然和道德的情思（Gesinnung）之实现来规定。"美德和功德"——这一思想贯穿他的整个工作。但这一公民社会的规定无法从"真空"中得出。

　　规定需要论证和普遍有效的约束力；这种约束力，如同在整个西方历史中所有规范性的思想家那里，只可能是神性特征的约束力（nur göttlichen Charakters），它必定来源于在我们"之上"的事物。莎夫茨伯里看到自己面临着这样的困难，即必须直接地以神或神性作为开端。

　　就此，他在主题上与洛克衔接。在他这里谈的是怎样的神？既非洛克的理性关系主题的基督，亦非我们在霍布斯理性关系中遇到的《旧约》的上帝，莎夫茨伯里谈的是神性（Deity），在抽象普遍意义上的神性（Gottheit）。

方法上，莎夫茨伯里以选言方式开始，非此即彼的思想，它的
基础是对神性的不同意见，目的是为了在随后思想的发展中排除那
些无法满足建立公民社会和秩序之目的的观念。莎夫茨伯里没有
要求发展科学的意图，这与他同时代自然理性的笛卡尔、斯宾诺莎
和莱布尼茨不同。

莎夫茨伯里对"意见"（Meinung）的定义是：人们在一切其他思
考之前就已经掌握的、并且在大多数场合中想到的东西。(38,10)[1]

莎夫茨伯里把所有可能的意见放到一起，依据对可能性的划分
来设立意见的清单，就像洛克对观念、霍布斯对语词所做的那样。

意见依赖于"宇宙在整体上是否被看作是朝向完满和善来安
排"的问题，因为这样的话，"万物"就必然是善的；即使我们可能 50
称之为恶的东西，也因为恶服务于整体和完善而必然是善的。如果
世界是以理性的方式建立起来的，那么世界作为创生是完善的；当
世界的建制不具理性意图，也即由偶然而来，世界则是不完善的，
因而不是完全善的。

如果从一个有意图的构建出发，那么，不是一个就是多个生命
（Wesen），它们超然于世界并以对自然的洞见和知性来统治。

如此之生命（Wesen），我们相应地称之为神或诸神，信仰它们
的人，或者是有神论者或者是多神论者。但是如果这一个或多个生
命并非必然是善的，我们就称之为魔（Dämonen）。假如人们以为世
界是由偶然而生的，那么就谈到完全的无神论者。人关于神性的意

---

① 引文见于莎夫茨伯里《论美德或功德》中的相关章节。该出处同样适用于下文
所有放在括号里的对该书文本位置的说明。

见是由对世界建制之质性的观念表象所规定的。据此,须提出这样的问题:世界作为创生是如何被建制出来的?

这里并非引出自然科学的回答,而是道德的回答。

道德不在一种总谱式的道德学说的意义上,而是基于伦理教化的兴趣,这种兴趣贯穿在每一个人类共同体的行动中。我们应当探究,"这些意见中的任何一个,或者对任意某个意见的这种需求,如何有可能符合美德和功德,或者与诚实或道德的品格相匹配。"(42,5)这里我们已经看到:莎夫茨伯里首先关心的是美德,而非能否证明这一个或那一个意见的正确。关于神性所具有的质性的意见,对实现美德有什么贡献呢?这是他提出的问题,他还进一步追问:有一个完全善的品格吗?如何培养出这种品格?或者,什么是美德或善?

再次从意见出发。据此,美德或善似乎仅为同一属性的不同名称。实际上,它们相互区分。我们再次遇到排除区分各种主张的选言行为。要么,人能够只为自己而在世上存在,则他在自身中就能够是完善的。要么,人处在与他人的关系之中、处在与自然体系的关系之中,那么他的完善依赖于他同这个体系的关系。自然在这里被设想为显现的(vorkommende)自然,是我们的感性知觉和经验可以通达的自然。

如我们的经验所示,肢干和器官是生命体(Lebewesen)的部分,生命体是它的类的部分,而类是地球体系的部分,地球是太阳系的部分,太阳系是银河系的部分,最后银河系和其他行星是一个体系的部分,因而是自然的部分,它们相互联系。(50,21)所以存在万物的体系,各个物鉴于宇宙的普遍体系要么是好的和完善的,要么是坏的和不完善的。如果某物对个别体系无关紧要或无用，那么它对于普遍体系就是有缺陷的、患病的。如果某生命体或体系完全是坏的，这是说在整体关系中不好，那么整体关系也不好，而是有缺陷和坏的，因为它不是完善的和好的。

51

"坏"在这个意义上就是"不好"，因为就天性而言意味着，天生地对整个体系无用。这里不涉及与善相对立的、作为道德范畴的恶，也不涉及美德和恶习。

如果某一特殊体系的灾难对于另一个体系是财富，那么这个特殊体系的灾难本身就并非真正的灾难。(52,3)因此我们不能对一个生命说，它天生完全是坏的，并且真正是坏的或灾难性的，除非我们能够证明，它在任何其他体系中也不好，鉴于任何秩序或经济体都不好。与关涉自然整体的自然的好或坏相区别的是出自喜好的好或坏。单纯基于受造物的喜好，一个受造物会被认为是善或恶的，自然或不自然的。(54,7)

那么怎样的喜好是"好的和自然的"？怎样的喜好是"坏的和不自然的"？我们总在自然的或不自然的领域中活动。

假如某物被认为是私人财产，但只是幻想中的财产，那么对它的喜好就是颠倒和坏的。这种喜好是多余的，削弱其他的、好的喜好。

假定某种对人自身的特殊福利的喜好，这种福利并不完全与普遍的福祉一致，那么这种喜好也是颠倒的喜好。

如果喜好是自私的，即使客观地服务于整个类的福祉，它也与人无助。远为重要的在于，喜好是好的，即人感觉到自己是趋善避恶的。一个好的受造物，他以自然的性情（Gemütsart）或喜好的冲动而原始直接地、非偶然地趋向善，应该说：趋向全人类的福祉。
（62,17）

如果上述类别的喜好全都与整个人类的普遍福祉相一致，那么自然的性情就完完全全是好的。每一种有情生命都有能力达到这种"单纯"的善。

通过这样的方式，莎夫茨伯里离开了自然的善，而转向与此不同的、只有人才有能力达到的善、美德和功德，即转向他考察的真正对象。同时，他顺理成章地离开了纯自然喜好的领域，因为，他关心的不再只是纯外在的、属于感官的自然对象，而是行动本身，对同情、友善、感激及各自对立面的喜好，它们成为喜好的对象。为此，需要反思喜好，从这种反思中产生对各种喜好本身的喜好，各种喜欢已经为人们所感觉到，它们现在成为新的——经过反思的——爱好（Wohklgefallen）或者反感（Mißfallen）的对象。（66,6 ff.）

感性知觉和对它的反思令人回想起洛克的出发点"感觉"和
52 "反省"。洛克的意图却是指示思之路，而莎夫茨伯里发展他的事，即"理性生物在面对正确和错误的道德对象时所具有的相称的喜好（Affection）"（86,3）。

反思每次都依据对某个对象的不同测定、整理或者组合，让人去感知一个对象的形态、运动和色彩，带着这些感知，人必然同时会察觉到美或丑。对行动的观察也是这样，以和谐与不和谐、美与丑为尺度。道德之物的形态和图像是我们当下所知的。人天生倾向于赞同这个或那个意见。如果自然的喜好是健康的，那么人就会喜爱正义和善。（68,26）

　　诚实正直和有德之行，这要求合乎规则的判断，而不仅仅是自然喜好。为此需要普遍福祉之概念的普遍性和道德之善的知识。如此之判断可以变成喜好的对象。这种喜好基于"良好建立的理性"（82,3），它是由理性判断形成的正确喜好，即对恒久的意志和决定的喜好，莎夫茨伯里称之为"情思"（disposition），在德语里最恰当的词或许是"Gesinnung"。

　　如果如此培养的喜好是善的，那么由之而来的行动就是公正合法的。只要情思是高贵的（edel），引起损失就不会给一种不义（Unrecht）提供论据。（70,21）如果道德判断是错误的，当然是另一回事。因此，如果情思是出于以错误概念为基础的错误判断而产生的、是出于对义和不义之错误观念表的错误判断而产生的，或者是出于迷信的错误判断而产生的，那么这种情思可能就不是善的。

　　与之相对，从某件事所具有的真实情形来看，比如从一个可称为有德性男子的不端行为来看，错误可能不是恶劣喜好的原因。

　　同样，如果在良好的情思中来对待感官的弱点和不完善，那么这些弱点和不完善也不太可能引起不义。

　　更有甚者：那种受自然的恶劣激情影响的人，如果他克服障碍，并且让德性的喜好占上风，那么他也能够在道德上行善。他的美德甚至属于更高的美德。（83,2）而那些按照美好情思生活和行动的人，可称为高尚的（anständig）人。（68,23）

　　美德或者说德性的情思具有不同的等级。正如不能断言某人是完全的无神论者，也不能断言某人是完完全全恶劣的。任何东西都不可能破坏美德的天性乃至相应于理性受造物的情思，或者使它们无效，除非这个东西：

1）破坏义与不义的自然的正确情感，

2）或者带来义与不义的颠倒情感，

3）或者造成正确的情感与相反喜好之间的对峙。

53　　在涉及自然正确的情感时，既说的是自然的喜好，也指正确的喜好，后者意味着由判断形成的情思。积极地说，义与不义的情感需要长久的滋养、强化和护持，也即需要长久地压制和克服相反的喜好。因此培养这种情思的功夫永远不应该有终止！

关于1）：至于对坏的自然喜好，没有哪一个理性受造物会不知道，他的侮辱在被侮辱者那里导致厌恶和敌意，并且招致惩罚。甚至最堕落的人也一定为此拥有这种自然情感。

但有一种更加强烈的情感，即道德的情思（die moralische Gesinnung），它是对恶的意志或不义的真实反感或憎恶，是对公正合理的真实喜爱，它是出于本身的自然美和尊严的道德情思。就此而言，人们似乎很难想象，一个有情生命对其同类没有善意，没有诸如同情、爱、友善和交往等情感的禀赋。

同样不可想象的是：理性生命（Wesen）不产生对感激、高贵、正义和其他美德的欢喜之情，而是对一切都无动于衷。因为一旦人们学过观察和评判道德之善，那么，这必定会自然而然地导向对善的行动、情思和性情的认识与承认。

至少有"对道德行为的想象的可敬或可恶之处"（90,27），这是莎夫茨伯里的中心思想。与我们的经验相符，我们人能够自然地想象道德行为的可敬或可恶之处。（90,25）有情生命是否自然地具备可敬之处，这不需要证明。莎夫茨伯里不像霍布斯或洛克已经做过的那样关心在我们经验之域彼岸的诸起因。对于思想的进程重要的只是，人具有关于道德善的想象力，能够创造性地运用它。

对义和不义的想象和喜好本身都是自然的，并且构成我们人的体性（constitution）的基本原则，所以，没有哪一种空想的意见、劝服或信仰学说会能够立刻或者直接地弃绝或摧毁喜好本身。

不过，自然喜好和由此产生的情思会由于相反的知识、强制、重复、练习以及习惯而遭到抑制和排斥。这是很大的危险。

关于2）：颠倒的情感或关于"对与错"（94，8）的错误想象，只可能由相反的习惯或教育的力量带来。莎夫茨伯里眼中的力量，首先是关于神性及其作用的意见力量。我们又碰到——像在其他理性形态中那样——对宗教思想的滥用，霍布斯用黑暗的王国，洛克用所谓正信教会的不宽容，都揭露过这一点，后者把正信教会看作公民共同体秩序的敌人。

危险来自何处？无神论并不危险，无神论者缺少敬仰神的可 54 能性。相反，宗教和迷信在人身上施加了更为强大的力量，把最不自然的和最腐败的事物当作优越和善。其教义由敬仰、爱和尊敬来补充。因而，爱和景仰变成恶习，追随者的性情转恶，这是有可能的。对于道德善的自然喜好和教化出的喜好，真正的危险在于：人们惊叹所信仰的神性的固执、恶行、划分派系和报复欲，并且越来越崇敬它们。诚实正直因而丧失殆尽，概念被混淆，性情和风俗遭到败坏。

然而，另一方面，信仰某一位神也有巨大的益处。要巩固一个健康的判断或者关于义与不义的情思，没有什么比对神的信仰更有效的了；不过这里只是信仰善之神和对整体永远友善的神。这里敬仰有其正当性和必然性。对神的信仰巩固美德。

如霍布斯巩固国家思想，洛克巩固立法，莎夫茨伯里把宗教归为他"巩固美德"这个事业的一部分，也即他把宗教变成了工具。

这一段结束于这样的论断：根据每种宗教的产生方式，宗教可能带来好处和损害；而无神论因为缺少膜拜神的可能性，本来就无益无害。

不过最后，莎夫茨伯里认为无神论是完全有害的，因为其情思无可测度，给公民法制招致危险。所以，无神论者没有资格要求宽容。

这里我们也看到：必须始终在每个思想使命的语境中来看待这样一种不同的评价，因此这种不同的评价与真正的[①]争论无关。

关于3）：美德遭受毁灭的危险，最后一种情况在于其他自然喜好针对义和不义的自然情感的反抗。有自然的、坏的、突然逼迫而来的激情，例如肉欲或怒气或对纯粹的私人幸福的喜好，它们有力量蔑视义与不义的情感。莎夫茨伯里没有单个地介绍这些喜好。对于思想的进程，重要的是这样一个问题：关于神性的诸意见如何能够影响自然情感的某个方面。

人首先经过反思才能获得对道德行为的好感或反感，这是出发点。之后他才有能力与对神性实存的反思打交道。思之生命具备了关于神的清晰概念之后，这种生命才有能力形成义与不义的情感概念，才知道生命可以具有不同程度的美德与恶习。

55　　　对某一种神性的信仰有什么影响？这首先要看，出于何种理由，人听从神性或依照神性意志去行动。如果是因为能够预先避免

---

①　即不同思想位置之间的争论。——校者

惩罚并可以期待奖赏，所以人听从神性意志，那么就无法称这种态度是道德的，因为它由强制所造成，因而是奴性的。此般性情是衰败而欠缺的。(110,5)

但是如果我们信仰某一位神，我们认为这位神是有尊严的、是善的，并且只因此而崇敬他、敬奉他为对整体的友善和爱的典范，那么如此之典范就有资格和能力来唤醒和加强我们对美德的爱。(110,7)

神性的显现也有助于此。人相信，神始终是人的生命见证者和观看者。

不过，对未来惩罚的惧怕和对未来奖赏的希望，无论它们会让人显得多么不自由，总还是克服恶的激情乃至克服恶习效力的显著手段。它们有力量加强这样的信仰，即相信恶习受到神性的制裁。同样地，对奖惩的前瞻能够在公民社会中抑制带有恶习的东西并且强迫它们服务于社会。同时，人被引上良善之路，此后不会轻易地又离开这条路。

通过法律而实现文明的人民，它经由持续稳定、明智而公正的政府所给予的训练而习惯于美德，即便受到专制统治，也将长期保有这样的情思。作为国家公民的人之情思以及全体人民的情思，也因为政府的良好典范而得到促进。

须明确的是，实际上并非奖惩，而是对美德的自然尊敬，督促人民走向真正的美德，这种尊敬由公众对功勋卓著的人物的热爱所见证。

同样地，适当的奖赏和温和的惩罚在家庭内部发挥作用。与其说是为了达到纪律和秩序，不如说是为了教育孩子变得善良和诚实正直。随着年龄的增长,他们应该能够锻炼美德,而不依赖于奖惩。因此目的必定是教育以达到自由,即为自身的缘故而自由地重视美德。只有它们值得称赞。(122,23)

希望奖赏必须只与享受美德相关联。因这种享受、爱生命是值得的。热爱并渴望在未来生活中锻炼美德,确实能够引发对不朽生命的愿望。这样,以享受美德的方式期待赞赏也良好地作用于宗教的观念表象。

总而言之,人深信,美德并不反对真正的私人利益,这对护持和保障美德是必要的。

一个并不深信于此的人,如果他假定,有一个更高的力量在生命诸事中采取诚实正直和有德之行去对抗卑鄙无耻和不义之道,他也还是能够给予美德应得的尊敬。对这一点又不相信的人,如果总还是信仰一位在未来生活中赞扬美德并惩罚恶习的神明,他同样能够为自己而承认并坚定地锻炼美德。

无神论虽然无法帮助那对美德的喜悦持有错误观念的人,但另一方面却能够为自己避免受到错误观念诱惑的机会。没有对神性的信仰而承认美德的好处,这显然是有可能的。

尽管如此,与无神论相比,有神论的信仰对美德具有巨大的益处。再次从作为世界之知的根基的经验出发。人产生这样的经验(130,4):他在践行美德时感到愉悦(130,6)。这样的愉悦需要强化、巩固和习惯。如果无神论使人相信,在整体中无善无美,也无好的喜好的例证或典范,那么好的喜好必将因此遭到戒除,变得鲜有效力。因为没有什么比认为生活在一个毁坏的世界中更让人忧郁的了。(132,1)这一思想最终削弱爱美德的情感。

　　另一方面，某人如果相信一个统治的精神，相信一个超越自然的生命（Wesen）——它凭借在善、智慧和力量上的至善至美来掌管万物，那么他也必定相信，美德按照其本性会是好的和有益的。（134,19）莎夫茨伯里这里看到的是相互作用，因为一方面经验表明，美德自然地带来幸福；而另一方面这又证明，万物的安排完美无瑕。（134,23）

　　为了维护道德的情思，人面临另外一个危险。危险在于，人可能身处逆境，如长期遭受悲苦。这样，不满和厌恶自然而然地产生，随着此种状态的持续，这种不满和厌恶会有加强和巩固的危险。承认自己的命运，并热爱它 (amor fati)，人能够对抗这种状态。一个真正伟大的思想，其伟大正是因为它最终甚至使人欣然接受（Sympathie）自身的疾病和死亡的威胁。

　　但是只有始终对神性法规和统治保持好的情思的人，才能够达到此般力量。这种力量造就至高的坚毅，去承受一切可能的令人厌恶的事，让我们的性情更加温厚和友善（138,25），这是莎夫茨伯里更为核心的思想。如此好的喜好，使人真心达到与其社会分有的一致，从而比以往更加努力热情地去追求普遍福祉（"Public Good"）或人类的利益。莎夫茨伯里并不关心自我满足，这是后面的休谟首先要关心的东西，相反他首先关心的是社交性质的喜好（die geselligen Neigungen），然后是普遍福祉。

　　最后，对秩序、和谐和均衡的惊叹与热爱，总是自然地导向性　57情的改善、社交性质的喜好的改善，这样的惊叹与热爱支撑着美德。这种美德正是对社会（140,10）和公众（144,14）中的秩序与美的热爱。在世界上最细微的事物那里，秩序的显现触动精神。

尽管莎夫茨伯里没有举例子，我们也立刻回想起那个时代英国高雅精纯的手工艺术，特别是家具工艺和银器工艺。观赏这些艺术品，这绝对会提升对整体秩序的惊叹和尊崇；此外，这也显示出那个时代的手工艺艺术家对其作品质量所提出的要求。

如此之对象越出色，越精美，对神性秩序，就会越发喜爱与热衷神性的秩序，并由此越发喜爱与热衷美德。

莎夫茨伯里以怀疑的思想结束，它巩固其结论，抑制激情（Enthusiasmus）。他说：我们并不确知，这种对有神信仰的评价是否正确。然而以下这点可以肯定：对整体秩序和美的热情乃至热爱，只有在它们对美德和善有益时，才是自然的和好的。（140,25）

但是另一方面，如果所设想的有神信仰与神意相符，那么对整体秩序的爱则更是相应于每一个理性受造物的必不可少的义务。（140,27）

综上得出美德和宗教的关系。前者只经由后者才完满。美德的至善至美以对神的信仰为基础。（142,7）

莎夫茨伯里发展了美德的思想，而不为某一特殊宗教所规定。他首先把诸神性和诸宗教设想为严格普遍的，从而能够自由阐述美德优先的思想。

另一方面，美德需要通过笃信宗教来巩固，我们再度回想起宗教的巩固功能，我们业已认为这一巩固功能是霍布斯的事，即国家所拥有的功能；是洛克的事，即公民立法所拥有的功能。

对于莎夫茨伯里来说，关键不在于某个特定的宗教，而在于认识到"最高生命（wesen）是调节性的观念表象"。这种认识对美德起作用。

什么原因促使我们成为道德的？是自私自利的激情吗？一眼便看出并非如此，对同类的爱、友谊或感激显然排斥自私自利。依照这个假设，那么在同类的体系中，私人性质的利益定会与公共性质的利益相抵触，特殊部分的利益定会与一般整体的利益相抵触。在这样的建制当中必然会充满无序和失常。

莎夫茨伯里断言，这个假设是错误的。一个受造物，若缺乏与 58 万物相交游的喜好，则可能在感官愉悦时却难以获得幸福。

这样的生命身处道德沦丧的国家中(150,14)。在一个彻底堕落的地方，每个人都将立刻承认不幸，即便在只是有些不道德，不人性的地方，也相当危险。

请注重我们内在的均衡。它指的是一个不亚于身体外在匀称的真实而精确的秩序或对称性。然而整体及其部分的概念，一如医生在外部身体方面认识它们那样，在科学中并不鉴于性情状态为人所熟知。但是我们说，任何做坏事或违背美德的人，和那些自愿吞下毒药，自愿造成体态残缺的人相比，都必定对自己犯下了更大的暴行。(154,28)

需要进一步研究喜好的体系。有三个级别的喜好：

1）自然的喜好，以普遍福祉为目的，

2）自我的喜好，仅以个人幸福为目的，

3）不属于以上两种喜好的喜好，

也就是，它既不针对普遍福祉也不针对个人幸福，而是与二者相对抗，因而有理由称之为不自然的喜好。

最后一类显然总是恶劣的。前两类会依其程度，时而道德，时而恶劣。

　　首先可以确定的是，自然的喜好可能变得过强，比如说我们过度同情：自我的喜好也可能变得过弱，例如过分宠爱孩子的时候。喜好有不同程度，涉及类的整体时，喜好的过度可能是有害的。

　　就算宗教信仰被看作较为高尚的激情，也可能在一些人那里因为虔诚迷狂的力量而变得过度。结果是我们不履行社会的基本义务。

　　宗教信仰不可以过于强烈。

　　莎夫茨伯里的这一思想需要一种辨别。

　　它再度说明，莎夫茨伯里的宗教观点完全不同于中世纪的宗教观点。对于莎夫茨伯里来说，宗教服务于他所发展的适度喜好的思想。在他这里，宗教并非为了自身的缘故被考察，而是处在社会性的世界及其要求的规定之下，与之相反，对于中世纪的思想，基督教的先行赋予是规定性的，因而不会出现担心宗教可能会变得强势的忧虑。

　　莎夫茨伯里"宗教"立场的转折甚至还清楚地区别于路德的观
59　点，后者已经可以算作公民时代的宗教开端形态。[①]自我拯救已完全不同于基督教时代的思，抉择不受人的影响，因此人不再有能力培养适度的情思，抉择只在上帝的"绝对力量"（potentia absoluta）之中。[②]而培养适度的情思却是莎夫茨伯里的旨趣所在。

---

　　① 〔德〕博德：《世界理性的运动》，第 221 页及以下。

　　② 〔德〕马丁·路德：《论不自由的意志》（德语）（1525），收于《德语路德》，第三卷：《新的信仰》，由库阿特·阿兰德出版，第三版，哥廷根，1961 年，第 150 至 334 页，此处引文，第 200 页和第 236 页（《论不自由的意志》（拉丁语），收于《路德著作集》，历史考证版，魏玛，1908 年，第十八卷，第 600 至 787 页，此处引文，第 638 和 670 页）。

诸多性情相互处在"调剂安排"（Ökonomie）① 的关系中。而调剂安排自然地在每一类中是不一样的。人们必然在某个乐器上弹奏出相应的音色，调弦和校音必定按照乐器和演奏者而不同。同样地，例如感情激烈的人，他们对痛苦和快乐尤其敏感，也必定需要其他诸如温柔、爱、喜好社交、同情等倾向，以保持内在的平和，这对践行义务是必要的。所以关键在于人的喜好的适当平衡。这种平衡在其他种类那里是自然赋予的。相反，人经常远不依其自然而生活。（172,7）宗教往往使人更加野蛮，更加不人性。（172,10）

严格来说，诸喜好的失衡已经导致恶习（Laster）和不完善（unvollkommenheit）。什么时候真正谈到恶习？在这个问题上值得提及的是：莎夫茨伯里开始于美德的否定并问道，恶习的倾向是否导向真正的人性优点。正如战争状态之于霍布斯，不宽容之于洛克，显然恶习是莎夫茨伯里特别关心的对象，这种关心支持并促使他在人性的利益上完成对恶习的思考。

莎夫茨伯里试图证明他的命题，即人的福德（Glückseligkeit）及其本有的利益构成了人始终依据德性的情思来思考与行动的根据。

他首先断定，自然喜好的欠缺对于人的个体，以及对人的类而

---

① 这里的德语词 Ökonomie 是对莎夫茨伯里所用的英语词 economy 的翻译。不同于今天流行的"经济"或"经济学"这一词义，莎夫茨伯里在《论美德或功德》中对 economy 的定义是 "...a system of all animals: an animal order or economy according to which the animal affairs are regulated and disposed." 依据莎夫茨伯里在此书中对 economy 的用法，校者在本章中将该词改译为"调剂安排"或"调剂关系"，并加原词备注，以便能兼顾这个词的古今词义差别。本书其他章节出现 Ökonomie 及其相关词组时，仍旧译为"经济" ——校者

言，都会变成负担，而类的现实存在使人愉悦。如何理解愉悦？这里要区分"身体的愉悦"和"精神的愉悦"（184,4）。

优先选择后者。结论是，对福德来说，精神愉悦的持续作用比感官或身体愉悦的持续作用远为重要。精神的愉悦要么是自然喜好本身，要么是其作用。

由此得出，自然喜好的恰当状态是理性受造物获得恒久幸福的唯一途径。

经验告诉我们，人处在爱、感激、友善、同情、慈悲的诸种热烈情感或者其他友好的喜好中，这种情绪状态产生至乐。其他喜好都不具备这种力量。没有纯粹的感性欲求可以抵制它们。欢喜心的魅力胜过任何其他愉悦。莎夫茨伯里还注意到，自然科学发现所带来的欢乐比感官的欢乐更加强烈，尽管这种思辨的愉悦不及道德的愉悦。（190,27）

这里，知性理解并赞同人们在善的情思和正直喜好中的所作所为，它同时与事的令人心醉神迷的感动结合在一起。人世间哪里还有比美好正直的行为更美的观赏对象？（190,33）要补充的是：原因在于这种行为代表神性秩序的整体和美。如果一个人为所爱之人赴死，根由只在于行动的美。因为还可以期待什么报偿呢？肯定不在此生此世，一切随死亡而消失。它也同样不在未来生活中；因为天堂或未来的奖赏是无法证实的。

无论是第一个时代的理想（英雄），还是中间时代的理想（永恒生命的应许），都不是莎夫茨伯里所关心的。对他来说，有意义的只是福德，唯独它允诺美德，它与前两者同样有力。

甚至是分享感受单纯想象出来的美德——比如悲剧表演中的美

德——也会使我们获得更大的愉悦，这是感官或动物性的冲动无法带给我们的。由此得出，可以把思考美德的愉悦和锻炼美德的愉悦等量齐观；补充一点：因为这也是出于愉悦而去学习。(194,5)

我们看到，莎夫茨伯里给旨在培养正确情思的重要教养作用和这种艺术类型赋予了多么重大的意义！

但是，不仅自然喜好本身，而且由之产生的作用，都是达到人之福德的真实途径。(194,7)

这里指的是精神的愉悦，如"享受交谈的善"，"通过反思或通过参与他人的善，接受善之所是"，以及"愉悦地意识到真实的爱、应得的尊重和他人的称赞"。(194,7)

"享受交谈的善"这一思想包含在莎夫茨伯里后来的著作《道德家》中，"通过反思或通过参与他人的善，接受善之所是"，在其作品《独白》中谈到并进一步发展了这一思想。而功德是这些作品中首要谈论的对象。

经验表明，与他人分享满足和欢乐引起更大的愉悦。比如说，它们由关于福德的陈述、描绘、神情、举止、言辞和声调所唤起。

恰恰是这种愉悦引起对自己应得的称赞和尊敬的觉悟；简言之：对美名的觉悟。以友谊为例，它能够美好地呈现令人欢悦的作用。什么样的人，即便是违反社会法规的暴君、强盗、叛贼，他们会没有朋友去分享幸福，不以朋友的康乐为乐，不把朋友的欢乐和满足作为自己的？"归属或参与到他人的欢悦中，信赖他人的美好称赞"，这里产生近乎所有的生命之乐(198,3)。

然而，也只在自然的喜好或对社交的爱是圆满的时候，满足和福德才是圆满的。不考虑完整的社会或整体，对某个部分的片面的 61

或社交的爱本身，它毫无疑问是矛盾的。（198,21）如此之情思既没有力量也没有持久性和可靠性。因为它只依赖于固执和情绪，引起持续的烦恼，破坏对友谊和社交的喜好。

因此，若对那些欢乐仅仅希图短暂微弱的享受，那么这种不完整的或有偏见的喜好则不能导向真正的"功德"。在美德和"功德"之间存在着一种相互作用。

与此相对，"圆满的情感"（202,15），即完整而完美的喜好与情思，它具备一切优点。它是相同的、持久的，与自身一致，总是满足而愉悦。在最好的人那里，甚至在不关心这种圆满情感的情况下，即在最坏的人、在"最高的生命"（das höchste Wesen）那里，这种圆满的情感都能获得赞同和爱。如果有这样的最高生命，那么这种普遍而完善的喜好所产生的愉悦，就处在与其最高对象的关系中，即处在与完美典范的关系中（这符合前面解释过的有神论概念），这种愉悦就是最高贵和最完美的。

因为这一点——这里指"功德"——是美德的作用。具有完善的情思意味着，按照自然并且按照最高智慧的规定和准则来生活。这里的规定和准则是道德、社交、虔诚和自然宗教。

跟前文一样，这里业已排除了一个误解：这一自然宗教不是基督教。人的福德并不归功于恩典，而是人通过自身教养来获得的。

如同霍布斯和洛克，莎夫茨伯里想要克服其思想给人留下的学院派印象，他不愿使用"人们不熟悉的语言表达方式"（204,2），而是尽可能简单明了地陈述其思想。这里也体现了他的世界性关怀。

无论是在自我谈话中，还是在与他人的谈话或消遣中：自己的愉悦一方面有赖于爽朗的情绪状态，另一方面依赖于妥帖的、宁静的并满足于自身的情思或理性。只有通过自然的和善的喜好，我们才能够获得二者。

假定人处在恶劣的心境和情绪状态下，那么没有比自然而友善的喜好更有效的对策了。人只有通过友善、友情、乐于助人或爱来触动并鼓舞自己的心，才能够缓解或转化急躁和恼怒。

只有适意和令人愉快的宗教喜好或虔诚，才可能助益于人；因为在这种情况下，这种宗教喜好或虔诚自身就属于自然的喜好。

现在来看第二种情况：妥帖而有序的情思，它与自身相满足。

有两个事物，它们必定让有理性并能够反思的受造物特别反感和愤慨。即理性受造物意识到的不义行为或者在他看来可恶而有 62 失体面的举止，二是理性受造物意识到的愚蠢的非理性行为或者对自己的福德有害的举止。(212,4)

第一种意识称为良心。(212,10)没有良心的人是大地上最为不幸的。(216,4)

一个人如果出于错误的良心或对荣誉的颠倒情感——比如受错误的宗教或习惯诱使——过于尊崇某一种违背道德公正的、导向非人性的品质，那么他只会更加遭受到良心的惩罚、羞耻以及内心的谴责。因此没有受造物会出于坏心并有意做坏事，而不同时意识到他为此应得报应。

第二种意识涉及那些对犯罪和不公正所至的道德丑恶没有感觉之人的行为。他们也同样意识到神和人的谴责。但就算没有神和人的谴责，人们也将不怀疑，这样的人必定会在友谊、他人的信任以及外部的福德上遭受严重的损失。

至少，如果这样的人发觉，那些在友谊、爱和尊重方面得到肯

定的人远比他幸福,他会看到自己嫉妒和恼怒的缺点,认为自己是愚蠢的。(222,15)

综上所述:如果最大的福德以精神的愉悦为依据,并且就是那已经描述过的、基于自然喜好的愉悦(自然喜好是指由人类的福祉和神性秩序之整体所规定的情思),那么可以得出结论,自然喜好是达到愉快的自我享受的最高贵的手段和要求,是生命的至善和最大的福德。(222,24)

这种福德能够拒绝单纯的感官愉悦。有谁可以孤单一人、脱离社会,自己美妙而长久地享受某个东西呢? 谁不会很快对感官享乐心生厌恶呢?

莎夫茨伯里进一步考察社交喜好或自然喜好的平衡的意义,以及平衡未保持住而产生的后果。

以动物性的喜好为例,因食物供应有余而不需要运动和工作的身体,即刻变得疲乏。

内在和谐的人要是被给予过多的东西,而不从事另外适当的对社会有益的工作,诸如科学、艺术、国事、家政经营之类的工作,以至于生活懒散,无所事事,那么这必然导致内部诸激情的错乱。

相反的事实表明,在乡村生活的勤劳的人们,自年少起就习惯了有益的工作。

63　　莎夫茨伯里因而指向"乡村生活"式的典范生活,这种生活尤其在英国得到了高度的承认,至今仍受尊崇。

由此推出:自然在其所构造的环节和部件中,依照严格的秩序与合规律性发挥作用;我们进一步看,自然明显以如下方式建立了这一内在:对这一内在来说没有比锻炼更加重要的了;而且没有比锻炼社交喜好或自然喜好更加重要的了；如果这是对的，那么在这些喜好遭到抑制和削弱的地方，内在必然受苦并受到损坏。（234,13）新的不自然的喜好将产生，取代自然而合规律的喜好，并且损害一切内在的秩序与调剂安排（Ökonomie）。

道德情思并不被看作是一次性养成和达到圆满的，相反，它需要不懈的锻炼和学习。

第二步，莎夫茨伯里证明，过于强烈和强大的个人喜好会使受造物不幸福。

首先一般地列举这种喜好，"它们同受造物的兴趣或各自的调剂安排相关"（244,1）。它们是：对生活的爱；对非正义的敏感；对食物的欲望和对性冲动的满足；对富裕的兴趣和追求，它为我们所有人提供良好的供养；对荣誉和声望的雄心与热爱；对安逸和宁静的依赖和喜爱。这些喜好与个人的体系相关，它们组成自利或自爱——对立于自我享乐。

这些喜好若适当地维持在一定的界限之内，则既不损害社会生活，也不妨碍美德。但是如果无度和过激，如阴险、报复心、浪费、好色、贪婪、虚荣、沽名钓誉、懒惰，对人类社会来说，它们显然是恶劣的，会导致错乱和损害。

对个人自私喜好的研究结束于这样的判断：除了其余的糟糕后果以外，这些自私的喜好还有破坏我们自然喜好的作用，它们必然使我们失去生活的至乐，最终产生那令人厌恶而不自然的激情，导致那性情的粗野，它们构成人类最大的不幸和最可悲的状态。（292,14）

最后莎夫茨伯里还研究了那些既不与公共福祉相关、也不与个人幸福相联系的激情,即研究了不自然的喜好。

与已经说过的过度的个人喜好不同,不自然的喜好甚至不是由个人利益引起的。这些喜好并不自然地存在于单纯的有情生命中。属于不自然喜好的有:对烦恼痛苦感到欢乐,即对悲伤、贫苦、流血、谋杀和毁坏感到特别的愉悦;然后是对他人受辱的欣喜若狂、无度的幸灾乐祸;不源于个人利益考量的恶毒和仇恨;嫉妒——如果是因为他人丝毫不妨碍我们利益的富裕或福德所引发的嫉妒,莎夫茨伯里甚至会特别将这种嫉妒视为不自然的喜好;最后是对人类和社会的憎恨,即,厌世,它恰好对立于那种古代称为热情好客的高尚喜好,这种高尚喜好表现为对全体人类的特殊的爱,尤其是对朋友的殷勤和效劳。

属于不自然喜好的还有那产生于迷信的喜好。

有的喜好虽然考虑个人利益,但却极度放纵并僭越一切理性的尺度,以至于人们同样可以把它看作不自然的,它们也属于不自然的喜好。不可遏制的骄傲或雄心就属于这类喜好;这种权势欲和专横,不愿容忍世界上除了它还存在着其他伟大、声名卓著、自由或幸福的东西;这种愤怒和报复心永远无法平息。如果背信弃义和忘恩负义牢牢扎下根来,时刻统治着我们,以至于它们无需迫切的动因就会出现,那么它们就沾染上了完全不自然的激情。

这样的激情总还是会引起一定的愉悦,此观点或许会遭到反对。这种愉悦同真实的愉悦相区分,它一般取决于先前的不幸状态,此状态导致了心灵的痛苦。因为这样的人尤其会受到连续不断的愠怒、根深蒂固的仇恨及恶毒的折磨。

连最温柔的人也有这样的经验,他们有时会遭受到心灵的这种

不适状态。(302,1)

然而，长期受这种状态支配的人，失去了我们所称的自然。他生活在不自然的状态下。这是对人类、对更高生命(Wesen)的持续恐惧和绝望的状态。

他深深为忧郁所渗透。他还转向何处？除了恐惧、厌恶和敌人，他找不到其他任何东西。他的心灵乃至情思变成荒野，这里一切美和善化为灰烬，他的心灵沦落到流放之地，这里他感到与一切人类群体相隔绝。(304,23)

由此得出，那种由自然喜好的缺失产生的状态，是人类不幸的最高级别。想不出比丑陋、阴郁和不自然的喜好更大的不幸。(306,8)

最后，莎夫茨伯里得出结论，统治着一切的生命(Wesen)，在自然中是第一者和最高者。它这样来安排智慧：我们的个人利益和福分依赖于最严格的普遍福祉，每一个不试图提升后者的受造物，则自己确实阻碍了自身的福德和福利。(314,1)

为了达到对普遍福祉的喜好，人有义务坚持不懈地运用其才能、锻炼美德，实现它并使它降临于世。这发生在相反情思的斗争中，即自然的和反自然的情思的斗争中。总是自然的和道德的情思获胜，这是因为它们让人真正感到幸福。莱布尼茨用下面几句话描述如此之情思，人"总会爱上天空与恒久的决定"，对人来说，福德的生活在于，"人享受完满、愉快和宁静的性情"①。这样的幸福使美

---

① 〔德〕戈特弗里德·威廉·莱布尼茨：《论幸福生活》，收于他的《哲学著作集》，第三卷，柏林，1980年，第635至673页，此处引文，第645页。

德自身得以实现。这种幸福感仍要通过意识到自己也为所有其他人的喜好效劳过而提升。

包括所有其他人的喜好，这是因为美德不仅使人自己感到幸福，不仅导向单纯的自我满足，而且普遍地维系着人的共同体、人与人之间的和睦和友谊，由此让各个国家（314,13）——莎夫茨伯里不像霍布斯只谈论英国——以及家庭都收获了繁荣和幸福，因为美德是唯一服务于整个人类福祉的品质。

因此，莎夫茨伯里的结论是：美德是每个人的福分，恶习是每个人的不幸。它符合追求普遍福祉之人的自身利益。

II.《论激情的书信》

66　　在这封写给朋友英国贵族萨莫斯勋爵的信中，莎夫茨伯里援引了贺拉斯的一句话，翻译如下："笑着说出真相，这有何妨？"①

此引文立刻将我们引向情绪状态（Gemütsverfassung）的区分，即人思考宗教时应该具有的情绪状态：处在爽朗的格调中。

为了通过"消遣逗乐"，伴着悠闲的思想自娱自乐，为了能够让思想自由地游戏，需要远离——日常的——国家事务的严肃。

这种行为通常是用来呼唤缪斯的时机。但这里看得见的只是一个空洞的惯例。呼唤不再引起兴味。呼唤停留在聆听上，亦即没有给予思；因为应和呼唤的仅仅是时尚和通俗的趣味。必须拒

---

① 〔古罗马〕贺拉斯：《讽刺诗集》，第一卷。

绝此般狂热的精神。它单调乏味，局促不安。(《论激情的书信》，308,21)

与之对立的是实现自身的真理所具有的权力。它对于诗，即对于虚构依然是先行的礼物。诗人至少必须打造出某一事物的假相，他卓越而激动人心地呈现某一激情；激动人心，这只是因为，被自己打动的人，也能够打动别人。至少，我们自己必定看上去是会被打动的——换句话说：是"几乎"会被打动的。

现代诗人处在特殊的状况中。他们不识赋予灵感的神，如阿波罗和缪斯，因此也无法以所谓的献身宗教去打动人。此处，如莎夫茨伯里进一步的解释所表明的那样，他关注的是中世纪古老的宗教。莎夫茨伯里觉察到基督教的没落，并在宗教上掀起一场根本性的颠覆，即如同古希腊人的情况一样，要在共同体的管理中审视宗教。在与古人的直接关系上预示了一种新宗教(公民宗教)的兴起。与此相对，现代忘却了与缪斯及其相应崇拜的关系根基，而缪斯以往还是风趣和科学的保护神。莎夫茨伯里认为，打动人的假相在过去依然是真切的。相反，"现代人"在考虑共同体的基础时离开了古人。莎夫茨伯里将变换一种方式重新审视古人。

基督教思想纯洁性的堕落还将在其他方面变得清晰。首先可 67
以确认，人具有自我欺骗的能力。自爱过度就会这样，从喜爱到迷醉、痴妄(310,31)，就像从扫兴、厌恶到愤怒，甚至到复仇感。莎夫茨伯里还揭示出，许多基督徒追求更高的善，这是一种过度。莎夫茨伯里对总不知止的信仰的需求报以世俗的嘲讽，因为他看到，这种信仰已经为奇迹信仰准备了土壤。在这一关联中他回忆起一位高高在上的灵修者，这位灵修者宣扬一种荒诞故事的体系、一种纯粹的童话信仰。因此，在迷信上基督徒一点也不逊色于异教徒。

为受激励，莎夫茨伯里仍然寻找与神的相似性，不过完全在世界性的意图和限制之内。他直接在萨莫斯勋爵身上发现这种相似性；一个伟大的人，比常人更接近神性。他的卓越之处在于，为自由和人类而行动。

莎夫茨伯里在序言中已经澄清，什么宗教对他适用，具体说，不是基督教，而是世界性的宗教，要把它放在共同体的管理中加以考虑，之后，他在第二部分中转向对风俗礼仪的自由批判这一主题。

知道人们如何暴露出恶习，这仍保证不了美德。必须运用机智风趣才能赢得美德。愚蠢从未像在今天这样特别惹人发笑；私人之间，如果忍受对错误的批评与劝诫，这是改善的最好征兆。相反，公众人物倒更不易容忍批评。对身份地位的嫉妒和糟糕的生活方式经常干扰和阻碍他们。他们担心其习惯或成见为批评所揭露，甚至用最高的艺术来赞扬它们，从而避开对风俗礼仪的自由批判。这与欺骗没有两样，一个自由的民族应该与之对抗、揭露它。莎夫茨伯里因此反对君主为了私利滥用宫廷惠受的手段，进而反对贵族统治中的贵族阶层滥施权力，最后他反对教会打着神圣性的幌子滥用权力。

但是批判的自由必须始终有分寸。必须避免每一种滥用。我们应该始终自我批评地检查我们的意见。在批评风俗礼仪的标准上，不允许有高于我们的审判官。这种判断中，人必须是自由的。每个人能够使用理性，依据理性衡量判断的质量。通过在思想和风格的适宜方面的重复检验和稳定经验、通过生活方式和风俗礼仪的不断完善、通过每一种好的教养和礼貌，如此形成恰当的判断。

（316,34）人应该在形成和表达判断的自由中找到适当的标准。而这只有在"好幽默"的情绪状态中才能达到。"好幽默"即使因为可笑而受到嘲讽，也仍保持不变；"坏幽默"则相反。

有德之人真正为"风趣"所打动。"风趣"在质上有别于单纯的 68 讽刺。"风趣"更加精致、优雅和真实，能够打动通情达理的人。

"坏幽默"的人容易把"风趣"搞得无影无踪，带着掩饰和虚伪。打趣的对象会太过严肃，太郑重其事。这里指的是虚假的架势和生硬的表面形式，它们区别于真实的严肃。由于我们心中始终装着公正的尺度，用之衡量我们及周遭事物，才有可能进行辨别。我们应该问，哪些事物是严肃的，哪些是可笑的。

但是对自身尺度的生硬的表面形式也始终带着怀疑态度。我们没有能力在任何人的体性（constitution）下做出判断，所以应该对自己的心境进行鉴别，并且学习到，糟糕的心境产生不当的庄重和严肃，只有爽朗清醒和轻松愉快的思想才可能一扫坏心境。

无论在爱情还是在宗教中，有一种激情，即忧郁，伴随着它。必须排除这种忧郁，并且自由地检验，能够对夸张的可笑之处说些什么。

莎夫茨伯里接着谈到傻瓜，在中世纪人们曾试图矫正他们的迷信。现代国家不允许惩罚他们，却可以笑话他们，因为他们受到自然的限制，不必将其品性追溯为神秘阴森的本质。不过人们具有强烈的迷信倾向，甚至病态恐慌的倾向。过度的想象力刺激他们，伴随着狂热和惊恐。

若狂热和忧郁结伴，则旧的宗教也是一种病态的恐慌。（325,28）这里关系到受自然限制的心境，所以最好是放任它们，不去攻击它们。在宗教事务上，应谨慎而公开地引导人民，带着友善的同情；而非采用规章，采用压迫限制的手段。

洛克也温和地对待迷信。国家应该放弃指定人民信仰某种宗教的任何强制；因为当权者可能和任何其他公民一样不明宗教真理。[①]

莎夫茨伯里的论证则不同。如果压制迷信和狂热，可能会导致狂暴、流血、战争和迫害。如果任它们自由变化，以机智和风趣对待它们，那么对立则会带来平衡与和谐。

相反，近代政治掺和了基督教，确立了一种单独的诉求，把拯救灵魂提升为政府本身的目的。

69　　莎夫茨伯里针对国家的监管要求精神的自由（330,7），因为政府和个人一样，可能在道德上犯错误。另一方面，个人能够自己负责，理智而正派地思想和行动。但是为此需要讽刺的自由（同上）；因为我们的判断不可以受到严肃的夸张心境和忧郁心境的影响。

在第三部分中，莎夫茨伯里特别关注人在思考宗教时的不同的情绪状态，它们各自唤起不同的激情。

在沮丧的状态中，人只能将神性设想为魔鬼或恶意的本质。或许也可以在这种神性观念中找到无神论的起因。人们容易把神想象得跟他们自己一样；因此他们思考自己时的情绪状态决定了其思考神性时的情绪状态。在尽可能好的心境中，自由愉快地思考神性，他们就会做出判断，认为最高管理者是公正、友善和值得敬仰的。

---

① 〔英〕洛克：《论宗教宽容：致友人的一封信》，第 16 页。

下一步，莎夫茨伯里把目光投向政治家值得追求的品格。

他们必须允许别人坦率地考查和对待自己，不可以装出高高在上的样子。这会让人认识到真诚与大度。以前有许多这样的统治者，他们允许人们公开地指责其行为，甚至能够忍受恶意指控和诽谤。

殉道者受到虚假激情的影响；莎夫茨伯里举出法国新教徒这个特殊的例子。（338,23）遭受迫害和暴力，最投其所好。莎夫茨伯里讽刺道，英国是不会给他们这种"恩泽"的。对付他们的狂热的唯一有效手段是讽刺和蔑视，就像滑稽剧和木偶戏中表现的那样。

处于忧郁的情绪状态，无法在宗教信仰和意见中容忍讽刺的民族，莎夫茨伯里举出犹太人作为例子。他们的心绪如此沉重，以致直呼"钉十字架，钉十字架！"要求处死耶稣基督。（342,21）要是他们反过来为讽刺耶稣基督上演木偶戏，那会给基督教增添更大的损害。

同样，和雅典人或罗马人的宽容对待相比，犹太人的迫害给使徒保罗带来了更多好处。

苏格拉底，莎夫茨伯里称他为出现在异教世界里的最具神性的人。（344,15）"所有诗人中最风趣的"阿里斯托芬曾在一出喜剧中嘲笑他"丑陋难堪"。但这并未损害他的声望，反倒提升了他的声望；因为苏格拉底不仅容忍了嘲笑，而且凭借他不那么巧妙的身姿在戏剧中扮演自己，以使人们有可能对比他的真实形象与虚构形象。"这便是他的好幽默"（344,27）。还有什么可以更好地证明他的性格纯正和意见真诚呢！

在人们对待宗教的忧郁方式中可以看到宗教的灾祸。另一方面，我们不可以过度欢喜、自由或亲密地利用宗教，而应该运用"好的礼貌"（346,6）。这是说，"我们必须不只在平常的好心情中，更要在我们生命中最好的心情、最温柔亲切的情思之中"（346,26），去理解真正的善是什么，去理解能够为掌声与崇敬所证明从而归于神的那些属性是什么。

我们将认识，什么是神性之善，因为我们能够比较，我们所具有的善的诸观念与我们被赋予的善的诸观念是否一致。神性本质或从属于它的自然使我们回忆起善的观念，我们必然以之为前提，才能从根本上赞颂神性本质。在这样的心境中思考，莎夫茨伯里称之为理性而自由地思考。（348.8）结论是：只有神性实存于神之中；神要么是完全不善的，要么他的善真真实实、完美无缺。

这却也推出结论，神性"是现实的"（348,9）。

我们在约伯的思想中发现这种理性自由的例子。他不相信根基薄弱而轻率的好运气，相反，他彻底拒绝神意，以最出格的方式检验它。不取媚神，无论如何不取媚一个本身要求凌驾于任何批判，因而其独一无二才更加明了的神！莎夫茨伯里也认为，检验真理是理性行动！只相信好运，这意味着，跟老到的乞丐差不多。保险起见，乞丐称被乞者为"陛下"，以便不错过任何一个机会。在宗教中也一样：人们几乎从不正确地猜测，从而尽最大努力正确地乞讨；这无异于相信偶然，结果是我们从来不真正满意，因为我们的理性看得出欺骗，并且我们在对至高神性的一切怀疑中保持坏的意见。

相反，莎夫茨伯里规定了一种完全不同的情绪状态，我们的力量所拥有的情绪状态。他称之为"神性的"（352,13），并且因而对他所思考的宗教信仰给以提示：这样一种心境（Gestimmtheit）①，通向普遍性的爱，为普遍福祉和整个世界的利益而努力。这种信仰是最高美德。

他再度说起政治家的任务。作为纯臣（guter Minister）服务于国家，作为诸侯或一国之君给相当一部分委托于他的人们带来幸福，政治家如此建立功勋。

同时，他必须泰然自若地面对这些人的嘲讽，他们毫不知晓或者无法认识其功勋。因为善并不为名望而生，而是为了善行和人类福祉的缘故。

"最高统治者"，公正、友善并且值得敬仰。达到这一判断需要尽可能好的心境。如同莎夫茨伯里在第五段中详细阐述的，这个观念依赖于经验：人类本身能够在道德上出类拔萃，而最优者在善上仍然不能与神相媲美。莎夫茨伯里由此排列了一个道德善的品级次序：善人、极其善的人和神。

我们若观入自身，仔细地研究了我们自己诸喜好的本质，就能够判断出，什么是道德上卓越的；因为，只有在确定了什么于我们自身值得称赞或出类拔萃之后，我们才能够赞美神。为了能够辨别出哪些道德是神性的，我们必须首先有能力评判，哪些道德行为在人身上是杰出的，就是说，服务于人类的福祉，并且在此之前，判断哪些道德行为在我们自己身上是善的。如果莎夫茨伯里也谈神意，那么显然：第一位的并非神性作用的规定，而是人之喜好的规

---

①　Gestimmtheit 区别于 Stimmung。前者强调经过理性教养的心境，在这里人是自己心境的主人；后者强调心境的自发性，没有理性根据，人如同足球被诸多心境踢来踢去。——译者

定，所以有充分理由谈到一种新宗教——公民宗教。人类的道德品质是开启神的道德之质的钥匙，而非相反。

人若未洞悉自身，就无法承认神性是正义和善的。莎夫茨伯里把理性洞见放在启示之前。理性洞见依据人的经验，它表明：神实存，神是善的；并且神如此之善，以致在善上超过我们当中的最优者。(354,25)莎夫茨伯里几乎不对启示做文章。启示不再配得上去确证之前所作的判断。神之慈善的观念不需要启示。它已根本不是这一观念独一无二的理性根据。

我们也必须谨防间接的激情，也就是他方虚假的教派见证，如在迷醉和狂热中见证所谓的奇迹和顿悟。

莎夫茨伯里结束于第七部分。尽管对激情的力量保持怀疑和谨慎，却仍不能完全摆脱它。但是必须辨别它。这种分辨并不容易，它要求精微的判断力。一方面有灵感。它是神性当下的真实感觉。另一方面，一种神性当下的虚假感觉抓住人；莎夫茨伯里称之为激情。两种感觉皆唤起热情，热情几乎是相同的。两种情况下，精神都为某种幻相所摄受，为之迷狂。这种迷狂如此之强大，几乎是超人的。所接受的诸理念和形象对于人的表象力过于庞大。所以，莎夫茨伯里也将灵感说成"神性的激情"，并把这个词解释为"神性的当下"。

我们人如何能够认识，我们是在与高贵的还是与虚假的激情打交道？乃至与哪些精神打交道？它们是否属神？

我们必须首先判断自己的精神，然后判断其他人——有美德和个人功勋的人——的精神，在他身上衡量我们的判断，以使之完美。这正是莎夫茨伯里求教于他的朋友萨莫斯勋爵的原因所在。

　　自由判断的所有前提，最后还包含一个：人处在爽朗的情绪状态中，这就是为什么如同我们一开始所听到的那样，莎夫茨伯里为了检验自己的激情而恰恰在这种状态中试着与他的朋友交谈。

III.《道德家》

　　在呈现莎夫茨伯里在这部作品中的思想之前，有必要先探讨一 73
下他所采用的艺术形式。

　　莎夫茨伯里避免构建形而上学体系，而代之以艺术的呈现手段：对话。他在副标题中把"吟诵史诗"（rhapsody）和"复述"（recital）结合起来，以再现特定对话的方式使其作品具有艺术的、诗歌的和哲学的演讲形式。他引用贺拉斯的话暗示其创作活动的目标：如古人那样，在学院的树林间，即在"生活的公共事务"之彼岸寻找真实。

　　所谈论的不是真实性（Veritas）[①]，而是真实之在（Verum）[②]，因为他并不关心抽象不确定的普遍概念，而关心呈现在具象中业已明确的东西（das Entschiedene）。必须展示业已明确的东西。

　　对话伙伴是泰欧克勒斯（Theokles）和菲洛克勒斯（Philokles）。名字的真实性是重要的，因为，名字就是说话者；一方面是泰欧克勒斯，即以神性为天职的人，他要说出神圣之事；另一方面是菲洛克勒斯，即为友人所召唤者。泰欧克勒斯被描述为激情者，一个可

---

　　① Veritas：真实性，现实性，合乎自然本性。——译者
　　② Verum：某事物的真实所在，作为进行证实的答复，为了确证所言，事实上，实际上。——译者

敬可爱、富有热情的人，他崇敬神性的自然秩序、美与德行。

菲洛克勒斯把两人之间的对话告知帕勒蒙（Palemon），他既总结了与泰欧克勒斯为时两天的哲学对话，又概述了之前某天与帕勒蒙的谈话的开场，即帕勒蒙的"哲学冒险"（《道德家》，22，25）。

帕勒蒙这个名字也是一个说话者的名字。此名也许暗指赫拉克勒斯（Herakles），这是他的别名，莎夫茨伯里在一部作品中专门研究过他。

第一部分的第一章中包含一个序言。菲洛克勒斯开始于对第一位对话伙伴的性格描画。他称帕勒蒙为"儒雅之士、天才，胜任最伟大的事业，游走于法庭与营寨，不失半点方寸"（20，8）。他也是一位"在上流社会享有尊荣"（20，10）的男子，于"教养世界"一如置身家园。

莎夫茨伯里随即区分文雅有教养的世界和学养的世界。这一对立延伸至学园（Park）和学院（Schule）的区别，进而区分爱（Philia）：一方面是"更加超然的爱者"，他"较为适度地赞颂美和智慧"（22，2），另一方面是"迷恋的爱者"、狂热分子（22，15）。他的精神狭隘，总是说同一件事。

74   接下来，菲洛克勒斯向帕勒蒙告知的完整性处在统一性的契机中。这里存在着一个严肃的契机，而另一方面则是"殷勤和欢愉"（22，29），具体说在作为消遣娱乐（22，7）的多样性的契机中，它呈现为纯粹的闲谈。然而，告知将所思事物（Gedachten）的整体统合起来，仿佛铭刻在一座纪念碑上。

谈话把政治带回到一个历史性的区分中。因为在对话的当下，政治与哲学思想的分离是显而易见的。莎夫茨伯里回忆起西塞罗的情形，后者将两个方面结合了起来。在莎夫茨伯里的历史性当下，这两个对象是相互分离的。他要求重新统一二者。

分离同时意味着，哲学就自身而言从公共舞台上退出，要说的是：从政治行动的舞台上退出。莎夫茨伯里首先针对其历史性当下的思的位置，他承认，思丧失了其政治上的统摄力，沦落为学院的知。由此世界理性要求，积极地在世间发挥作用，而非在学院中。学院呈现为三段论演绎推理的知性的迂腐。莎夫茨伯里同洛克一致，尤其抨击了三段论的价值。此外，莎夫茨伯里还反对传统的做法，即"把讨论国家事务的谈话和娱乐的谈话结合起来"。他反对单纯经验性的思，这种思依赖偶然，如同医学寻找灵丹妙药；同时也反对逻辑学家，他们的目标仅限于以吹毛求疵赢得论战。

现代思想家走上了这条非理性的歧路，由此减缩了本来的使命，因为对于世界理性来说，这一使命在共同体中。它首先在于造就肩负国家重任的人，像希腊人那样。

在莎夫茨伯里的当下，哲学却趋向于有意隐瞒这一使命。责任在哲学家们自己，他们尚未领会其使命。相反，莎夫茨伯里相信，只要政治在其自身是道德的，它就必然与哲学合一。(24,20) 两者的关系不是外在追加的。

这里谈的是何种道德？并非经院哲学家的道德，而是对"人的风俗礼仪和人的体性(constitution)"的知识(24,23)，也就是"在共同之处"，并非考察个体，诸如考察人的性格，这在当时很流行，相反在于共同之处，说的是：获得"将人看作世界的公民或平民(Citizen or Commoner)"(24,30)的概念。不过为此反而需要首先研究特殊的人(24,24)；这里关心的是人作为受造物，"人在自身之中"(24,24),关心人自身。这是什么意思?

在此语境关联中,莎夫茨伯里谈论的是作为"受造物"的人(24,24),因而认为探究人"在自然中的谱系"(Pedigree in Nature)是必不可少的。

75　　我们将记起霍布斯的先行的思想。每个人在自然状态中都是自为的。他为了自己,同一切自在且自为的人相斗争。可以通过"联合"(24,25)克服这一自然状态,从而如同在霍布斯[①]这里,实现从自然状态向社会状态的过渡。同时代的哲学通常在人与"共同缔约而成的国家"(Confederate State)的关系中并且在其"民族关系"(National Relation)(24,28)中思考人。尽管莎夫茨伯里把"共同缔约而成的国家"理解为奠基于契约的人工国家,他还是认为这种良好社会的思想仍太直接、太缺乏反思。这种思想在社交的意义上研究社会,它关涉的是纯粹的休闲娱乐,并且把公民预设为直接的事物。

纯粹关于民族国家的思想也缺乏创造性。必须打破直接的直观,因为人生来就是国家的成员。朴素的自然不再是莎夫茨伯里思考的最终目标,这和霍布斯一样。有教养的公民的自然,作为"世界公民"或"平民"(24,31),具有更高的尊严。并非出身决定的互存,而是有更高来源的互存,即有着具体的普遍性的世界公民,其目的和人的体性(constitution)源于自然,尽管不是时间上的最先者,却是真实的第一者。

注意,莎夫茨伯里谈论"世界公民",而在此之前,他谈论的是

---

　　① 〔英〕霍布斯:《论公民》,c. 1。

每一种可以想见的民族国家。霍布斯将国家仅仅理解为有待拯救的英格兰民族国家。随后洛克就已经着重突显出了世界公民。在最后（仅就这种世界理性内发展步骤的序列而言），莎夫茨伯里同样关心世界公民，即关心如何在作为真实第一者的自然中为世界公民奠定基础。这里出现了世界宗教。

时间上，霍布斯开始于朴素的自然。他的意图是，加工完这样的自然；把它塑造成道德的存在者（Wesen），从而带来自然与世界的区分。

在这一关联上也应该注意到康德，他在《判断力批判》中，将人划分为自然存在者（Wesen）的人（一方面）和世界存在者的人（另一方面）。作为世界存在者，人认识创造性的理念。善良意志之客体的实现造成区分，作为世界存在者的人正是依据这个区分，将自然理解为由人所造的世界。[1]

莎夫茨伯里也不进行"自然的研究"，而是从事"道德的研究"。（26,2）理解"道德"，不在［抉择善恶］的道德的意义上，而在它对立于"自然的"这个层面上。霍布斯从"自然的"开始，以期达到其真正的主题"道德"。因为他一实现了共同体的建立便研究"道德"。莎夫茨伯里按照作为创世的世界建制的理性尺度来实现道德。"道德科学"（Moral Science）[2]在这一视野中是关于人及其自身的科学。这里，我们遇到时代的划分，它们是第一时代[3]有关法的科学与中间时代[4]有关上帝的科学。

---

[1]　〔德〕博德：《形而上学拓扑学》，第506页及以下。
[2]　在英国，哲学典型地属于"伦理科学"，迄今依然如此。
[3]　指由古希腊的哲学和智慧构成的时代。——校者
[4]　指由基督教的哲学和智慧构成的时代。——校者

76　　当时的学者不研究"目的"和"体性"（constitution）（24,32），即人的规定和人的其他方面，即人的体性维度，这里说的不是自然的起源，而是由人造出的、形成的事物。莎夫茨伯里反对学院哲学，相反，他追求世界哲学的完满。我们遇到思想的新的训练事项（neue Disziplin），它始于"交谈"。

　　如果在"好的对话伙伴"（good company）（26,11）的世界前退一步，就只能把这个思想的新的训练事项建构为以政治思想为目标的训练。而"好的对话伙伴"的世界只提供闲谈。对此要求一种审慎（Epoché）。

　　我们必须使较重要的对象（26,10）脱离交谈的现代方式、脱离学院运作，进一步说，鉴于"好的对话伙伴"合理的敏感，让重要的对象从上述二者那里脱离开来。这种敏感与学人的迂腐和道德说教相对立。（26,14）

　　但在"交谈"中要求训练（Disziplin）。康德在其《纯粹理性批判》中称之为"经院哲学的一丝不苟"。思必须得到训练，这一训练间接地是政治的训练。而政治之思直接与世界之思相分离。甚至连女士们也不愿沾染上思想上的女性气质（26,22），莎夫茨伯里以此反对学院，他断言，妇女也有能力进行判断，而学院将知性训练（Schulverstand）仅仅看作纯粹的男人之事。妇女不愿被看作知性上的弱者。关键在于，不落入单纯的"好的对话伙伴"，而是运用思的刚正，不过要注意礼貌。（26,26）"风趣的作品"也必然与艺术作品相关，艺术作品建立在知识的基础上。（28,2）

　　现代人与古代人相反，避开了对话，莎夫茨伯里对此感到惋惜。在这个语境关联上，人们会想到莱布尼茨，他重新捡起对话，在《人类理智新论》中进入与洛克的交谈。[①]

莎夫茨伯里使对话和交谈的消遣娱乐对立起来,要求强健和果敢(26,29),一方面是所谓的吃苦耐劳和刚正,另一方面熟悉掌握大量的知识,它们得自理性,得自对古典文献和历史的知识,以及对人的自然认识。无论画家还是诗人,一如时代精神,都不能允许自己分离自然和真理。二者之间没有"和",而有一个"是"。自然即真理。同样要求哲人在这个统一中思考和谈论。

莎夫茨伯里因而相信对专断具备约束力的东西,并且反对他同时代哲学中的不当行为,所谓不当是指他同时代哲学那些得理不饶人的拥护者的论证,也就是反对过度敏感,特别是在对优越性的维护中企图消灭对手。他反对占上风的假定的思想,这种思想总是手边就有答案、利用造作的攻击。这种思想害怕怀疑,所以避免任何怀疑。

这种思遁入炼金术中(30,30)来为自己获取勇气。它的拥护者甚至自居为自然的造物主,因为他们要完全看透自然。总是同样的情形!笛卡尔就已经反对全知者[②]及其奢望,全知者以为能够解释所有现象并且自诩为"自然的主宰(maitre et possesseurs de la nature)"[③]。莎夫茨伯里也持有这种怀疑,他主张限制,即"对判断、诸概率、研究、探求和谨慎的中断与悬搁"(32,34)。限制人在自然 77

---

① 〔德〕戈特弗里德·威廉·莱布尼茨:《人类理智新论》,收于他的《哲学著作集》,第六卷,柏林,1962年,第43页及以下。

② 〔法〕勒内·笛卡尔:《方法论》(法/德),由吕德·盖伯翻译和出版,汉堡,1997年,第117页。

③ 同上书,第101页。

的实验室这个方面的认识能力，让莎夫茨伯里获得了一种力量，认为自己可以做出另一种判断，并且可以果断地做出判断：公民的判断，它有力量培养自身，而不是去改变自然。

这是在世界经验的基础上做出的判断；这个判断是可以支配的，并且有资格要求真理。与学院的态度相反，它没有任何取媚的意图。(32,33)

所以从现在开始要求"那种对话的方式，以及对辩论和推理的耐心"(34,11)。同古人一样，这种对话产生自怀疑。必须在当前的时代更新它。理性和风趣经受考验(34,4)，但并非"与世隔绝"(34,6)！思想要求世界性，这个任务也恰好向政治家提出。哲学必须能够在谈话的争论方式中维护自身，合乎"学园"(Academy)之典范。① 此外还关系到对教条主义进行怀疑。进攻性的关系首先是嘲讽的关系，它针对不宽容。就此我们再度遇到了洛克的结论。

宽容的实现在于：一个人告知另一个人他的信念，从而使思想在对峙中运思。

莎夫茨伯里在第二章中开始于描述负面状态的特征："人类的恶劣状态和不幸的自然"。

人天生孱弱。人为普罗米修斯所仿造，作为卑劣的受造物，给自己和整个世界带来灾难。霍布斯也开始于这种否定性的行动，即一切人反对一切人的战争。

但是此外，世界是美的。尽管谈论到了女人的美，但美的根基却不在直接的自然中，而是在艺术中——但不在当时的艺术中，它

---

① 莎夫茨伯里考虑到西塞罗的《论学园》。

单单为殷勤恭维所支配，而是在古人的艺术中，它把自然和真理等同起来。莎夫茨伯里因此区分直接的和间接的自然印象，他力求消除对世界状态的直接印象。他只关注人，即与天体秩序、行星和卫星的周行不相协调的人。从人之自然的否定性中，莎夫茨伯里获得力量，用完全不同的东西来对抗自然。他谈到对祖国的爱，谈到好朋友，谈到对整个人类的爱（Philanthropie），谈到爱、同情和善意。借此他暗示，他关心的是培养第二个自然、另一个自然；因为所有这些美德并非人生而有之。从伟大政治家的行为态度本身可以看出这一点，他们天生富有野心，企图把故友推向深渊，并且尤其危险的是，他们容忍共同体本身的灭亡。

　　这一思想不出意外地带来有关自然和恶本身之起因的商讨。恶是因为一个事件、因为偶然而来到世间的吗？比如是因为故意或默许来到世间的吗？在涉及自然现象的时候，恶和丑可能被看作不利的部分，但自然整体却仍然显现为善和美。人的自然本性却并非如此。人类的错误和污点不可原谅。

　　风暴有它美的地方，在人胸中涌起的风暴却不美。（46,30）所以，因"凡人的狂暴种群"（46,31）而控诉自然。不过出于何种意图来控诉呢？

　　这残缺而危险的自然必须得到改正和改善！似乎需要新的普罗米修斯，他是一位工匠（46,34），有别于"造物主"。这里也再度彰显公民的意图：教养新人。不过，不可以随便利用普罗米修斯，如古代宗教诗人所为，认为他应对所有恶负责，从而免除诸神的罪过。这会意味着，不尊重最高存在者（Wesen）的智慧与正义。不，创世不由普罗米修斯来承担，而是由造物主上帝自己承担。可是为

78

何恶也在他的创世计划之中呢?

因为造物主在其完美性中只可能意愿和创造至善,所以他只可能谋求这样的意图,即在恶人那里也生长出善。因此,不幸和险恶能够促使人们去创造善。(52,11)

这个观念尤其在莱布尼茨那里,在其神正论中,作为中心思想得到发展。

但是莎夫茨伯里不关心仅仅作为"某物"的善,而是关心"整个"善和美,这一"整个"善和美完全取代残缺的自然,并具有严格的普遍性(62,11),这在第三章中得到详述。既非考察某人单张美丽的面孔,亦非考察他身体的比例,我们很容易被这些吸引,而是考察他的"生命本身"和精神,正是精神将光彩和真实的可敬可爱传达给外部的——单个——物体。所以,第一步留意个别的、不同的美。然后把更多社会的美联系起来:"构造一个美的社会"。飞升的灵魂思考:"社会、友谊、亲情,考量特殊灵魂的何种和谐构成普遍和谐,并且思考共同福祉"——这里指政治物体——它是"建立起来的"(62,23)。

莎夫茨伯里在第二步看到的仍是这个特殊社会的福祉,以期在第三步达到整体上的"人类福祉"(62,28),因为灵魂并不满足于人类个别社会的共同福祉(62,26)。

79　　整个人类的福祉以人性自然的完善为基础。(64,1)公民的使命就是让人性的自然变得完满,以使"粗野的人类变得文明或高雅"(62,32)。为此需要法规,需要公民和宗教的礼仪,需要科学和艺术,需要哲学、道德以及美德。(62,31)灵魂此种追求的根由在于灵魂的爱,"爱秩序和完美"(64,4),这种爱追求"整体的繁荣"。它在宇宙、在自然中追寻一切有序和完满者，愿望至善，希望至善执持于智慧和公正之中。自然中若无"普遍灵魂"做主，就会遭受无止境的灾难，所以必须找到治愈自然的根据。(64,18) 于是自然划分为自然的一面和道德的一面。自然的一面在自身中隐含错乱和败坏的危险。道德的一面能够发挥治愈的作用。

自然迷失了吗？为何？不，莎夫茨伯里否认这一点，相反，他断言："普遍和谐"正需要"矛盾和纷繁不一的诸原则"(66,11)；自然正建立在这样的对立之上。

在莎夫茨伯里之前，莱布尼茨已经充分发展了这一思想。他认为，恩典的神性功用与自然本身的、和谐的现实性达成和谐，这样就扬弃了世界的差异。同样，在大地上、在人类的居所，必然会出现毁坏和复兴的正义。①

莎夫茨伯里的论证再次开始于否定性(Negativum)，即"顺从"(Resignation)(66,14)，以自我牺牲的方式，尘世受造物的某一等级必定自然地屈从于另一等级。受造物服从，在"跟其余受造物的联合"中做出牺牲(66,22)。人也屈从于其他自然物。因为我们只看到并且承认，一切较低级的自然物（当然包括人在内）必定相互之间牺牲利益，所以一切较低级的自然物共同服从于世界最高的自然，这是更加理性的。(66,27)

莎夫茨伯里如何理解"至上的自然"？他首先指向天体及其所属的体系，然后更确切地注意到统治那里的诸种规律。他称之为

---

① 〔德〕戈特弗里德·威廉·莱布尼茨：《单子论》，收于《单子论和其他形而上学著作 / 以理性为基础的自然与神恩的原则——单子论——论形而上学》(法 / 德)，由乌尔里希·约翰内斯·施耐德翻译和出版，汉堡，2002 年，第 88 节。

"诸中心力量"（66,33），这些力量使永恒天体保持在平衡和运动之中。不可以只是因为应该拯救某个转瞬即逝的躯体就干涉这些力量。

就直接显现的自然而言，比如她如何使大气、雾气、流星运动，如何使活生生的受造物遭受地震、风暴、瘟疫、洪灾和火灾的伤害，这并非自然犯错了，而是她通过神发挥作用，即"通过一个所向披靡者，通过自然的另一种力量，进行正义征服的力量"来发挥作用（68,22）。我们并不遇到神的本质（Wesen），而是遇见神的作用，具体来说，遇见神在自然中的作用。

莎夫茨伯里将自然的内在形式和外在现象区分开来。自然的内在形式：人的"灵魂"和"脾性"。在其否定性中，"感觉的病态或腐化"（68,24）。但这软弱和败坏，也称为好的，因为它们服务于至高至善的自然（70,4），这是说：它们服从神的法规和力量。

这一思想在莎夫茨伯里这里导向一种担忧。在最初的怀疑主义退却之后，思想可能会落入极度的激情当中，因此遭到错误的理解和表达。识别思所处的危险，这显示出他思想的严格性。通过检验自己的激情，思想在自身中做出区分。

一方面是爽朗、温柔与和谐的激情，它与古代诗人的可敬可爱一个样，另一方面是放任、庸俗的激情，它粉饰和掩盖真理。前者不虚伪做作，坦率而真实，一如自然本身。

前者必定能够容忍把诸多思想解释为幻想，容忍所有体系因某个怀疑论者暴露出弱点。

相反，粗鲁而孤僻的狂热者为宗教辩护，就像牛皮大王夸赞他的情人，而对宗教的功德，他们却抱着无所谓的态度。（72,13）

《道德家》的第二部分开始于一个早晨的故事。它象征一个新的思想在思中的觉醒。故事发生的地点在"一个遥远的国度，那里呈现出壮美的田园景象"。这个地点也有符号特征（76,23），表现的是一个艺术的形象。它否定日常世界（80,22），否定"混乱、无差别的人群"（同上），这个日常世界充斥着"噪声和表演娱乐"（80,26）以及"满足"（62,13）。与此相区分的是"为了你们称之为沉思的生活和习惯而隐退"（80,7f.）。

"言辞上的满足是不能持久的"（82,14）。娱乐我们的事物，总是稍纵即逝，它们依赖于"心情"和"运气"。

世界所具有的信念是："我们真正的善是快乐（pleasure）"（84,3）。这个常见的概念不能令人满意。它受到怀疑，因为愉悦也可能在产生自恶毒和残暴的快感中（86,1）。为了尊重任何一种快乐，人们喜欢使用这样一句谚语："趣味各异，切莫争议"（86,15）。

但在人与动物的差别上可以清楚地看到：苍蝇愉快地享受粪堆，这与自然相适应；人却不是这样，他在孤独的大吃大喝中、在专横的残暴行径中得不到快乐。

处在一方面上的"快乐"需要与处在另一方面上的"幸福和真正的善"相区别（82,4），因为，要么每一种快乐是好的，要么只有一些是好的（88,4）。莎夫茨伯里进一步分开来说，如果所有快乐是好的，那么我们的每一种感性方式必须是高贵和值得愿望的。如果只有一些是好的，那么我们必须探究，何种方式是好的。

然而，我们知道有这样一些快乐，它们毫无意义而且是可鄙的。因此，直接的感觉有着不同的价值有待评判。（88,13）应对教条主义进行怀疑，因为，人容易被感觉操纵并误入歧途，由着他所处的情绪状态。"世上最厉害的骗子是自己的激情"（88,35）。

所以需要恰如其分的情绪状态，它必须是无偏见的状态，以便 81
能够对快乐的感觉做出无偏见的价值评价。因此需要对感觉进行
选择，在它自身中做出区分，从而破除感觉的直接性。

或许谈"快乐"不如谈"理性与判断的享受"来得好（90,25）。
后者指的是经过理性判断中介的快乐。

必须注意理性的什么？由直接感觉引发的快乐处在持续的变
化中；甚而快乐变为痛苦，痛苦变为快乐，或者也可以对二者做不
同的理解。然而真正的善必然不会一直变换或消逝，它一直保持为
同样的满足，没有变化或减弱。（98,21）

相反则产生矛盾。激情可能强烈而持久地伴随着某个特定的
对象。但它也经常疲乏，很快就捉摸不定地转向新的对象。我们独
特的人的生活经验重又帮助我们，不过这需要预先训练恰当的判
断，这些判断针对美和关乎快乐的良好趣味。

难道有过效劳于朋友而不快的情况吗？（100,4）如此高贵的快
乐难道不是屡次增加？它难道不同样是一种高贵的行为？这样的
行为难道不显示出稳定而持久的善吗？（100,20）。哲学学说的怀疑
论者持反对意见：一部诗艺作品可能描述激情的经久不衰，但在一
生之中将这般友谊的热情坚持到底，似乎是不可能的。

在此两个人的友谊这个概念发展至另一种本质上具有英雄气
质的友谊：对"人类"（100,31）的友谊，对"社会"（100,34）的友
谊，也是对祖国（102,1）的友谊。莎夫茨伯里称之为"公共的友谊"
（public friendship）（102,19）。它是每一个个体友谊的前提条件。
"要成为任何一个特殊个体的友人，有必要先成为人类的朋友。"

（110,20）普遍的事物具有优先性。

再次出现怀疑论者的怀疑：我们人为何应该爱整个人类，尽管后者自身鲜有价值？

这在思想中却无关紧要；因为我们不仅应该善待值得善待的人，还应该善待不好的邻人、不好的父亲。我们的老师是自然、理性和人性（104,1），它们教导我们，去帮助一位父亲，只因为他是父亲，去帮助一个孩童，只因为他是孩童。这样的情思（Gesinnung），把人类作为整体，可以经久不衰。为此，人在公民的意图上教育自身。

"好的教养"（104,19）必须以培养"自然的脾性"（104,20）为目标，以爱好礼貌、乐于助人，并且具有责任心为目标，以愿意为陌生人效劳为目标。如此培育"好的自然"（104,32）使人成为英雄（104,33）。

我们人是否能够这样去爱？难道这种爱不是过于神秘、过于形而上学、过于理论化了吗？这里我们再度遇见莎夫茨伯里思想的实践意图：为了激发爱，具体说在"感觉材料的印象"中去激发爱，必须能够在实践中设想这种爱。（106,13）

在另一个早晨，也就是在第二章中，重新拎起这一思想，即与某人的友谊首先必然要求与整个人类的友谊。其优先性并不在时间上，而是依据概念。那么如何在行动上为这样的友谊做准备？

莎夫茨伯里只要求成善成德；这恰恰意味着，如伊壁鸠鲁所相信的那样，世上最大的快乐源自"节制和中庸之用"（112,24）。换句话说：美德保护我们免于对非必需品的过度占有欲，免于贪财和虚荣，同样也免于对生活的不满和忘恩；甚至在生活无法长久维系之时，美德仍然保护着我们。此外，美德保藏自由，"心灵王国"
（118,14）的自由。人始终面临危险，受与生俱来的内在暴君的奴役。
（118,20）但同时人也能运用其"天生的自由"，以摆脱这一枷锁。

霍布斯、洛克共同关心的是人必须自己拿起的自由，要求我们
做出判断的自由。不过，他们具体的目标所指并不相同。霍布斯首
先关心战争状态中的人的自由，在一切人反对一切人的战争状态
中，目的是保障人的生存的自我保存，因而他关心外部的国家；洛
克则将自由概念发展为摆脱绝对专制权力的自由和宗教意见的自
由，要求宽容，他以这种方式给思想添加"内在"的成分。莎夫茨
伯里则相反。"公民自由"在他这里已经理所当然作为前提。他完
全以我们精神的内在国家、以"心灵王国"为主题，以伴随着直接
欲望和激情的人的不自由为主题，只有通过美德、通过"这样一位
女性立法者"（118,15），才能消除这种不自由。他鉴于美德所保藏
的自由，提及"一种财产"，由此让人回忆起洛克的思想，由立法和
财产而保障的自由。

不过，霍布斯，洛克以及最后的莎夫茨伯里，他们的公民意图
是共同的，即建立秩序井然的共同体。他们所思考的这些自由，每
一种自由都是共同体所要求的自由。

然而美德面临损害。损害并非来自恶习本身，或来自快乐，
"风趣"，又或来自错误的哲学，对自然真理的错误印象。不，损害
来自宗教。莎夫茨伯里批评宗教的拥护者，批评他们的狂热，因为
他们把人性美德说成错误的，以颂扬宗教。他们把美德看作"继母"
或"敌手"（124,13）。

莎夫茨伯里遵循霍布斯和洛克的告诫——警惕滥用宗教的人，

尽管他有着不同的意图和论证。他的批判针对"宗教作家和宗教演说家"（124,11）。

显然这里莎夫茨伯里也把教会考虑在内，他在第三章开头没有说是普遍的还是特殊的；他谈的是那些进行攻击的人，他们不必担心为其人格招来谴责或尖锐的批评。（128,12）他们能够在某一战场挑战批评他们的人，在这一战场批评者不可以公开露面或宣布自己是对手，并且不敢对他们发起攻击。切不可借助于暴力为宗教之事辩护，也不可借此反对无神论者。

要反对教会的这些行为，就必须确立理性。"因为在暴力不可避免的地方，理性无所用处"（128,29），因为手段是说服，而非强制。人们要想使无神论者接受理性，就必须说服他们。（128,33）基于这一思想，莎夫茨伯里在涉及公民社会的建立和它维护和平的包容性之时，把公民间必不可少的一致意见作为目标。

然而必须考虑到，无神论者有两种类型：一种仅仅是怀疑，但愿意被说服，另一种否认宗教。后者的意见违反人类的福祉和社会的维系，他们可能受到合理的惩罚。所以也必须区别对待这两个群体的辩护者。

必须以哲学的方式对待怀有善意而持怀疑态度的一类人，以政府干预的方式对待怀有恶意的一类人。而"辩论的自由和对待敌手的公正"与哲学家相称。

但世界（132,12）会容忍这样的宗教研究吗？毫无疑问会容忍，只要人们想起古希腊罗马时期的实践就会知道这一点。怀疑是鉴于基督教时代的思想提出来的。此外，莎夫茨伯里还提醒注意其著作《论美德或功德》所引起的不快。困难之处在于，大多数作家打算依据启示来证明基督教信仰的真理。

　　另一方面,并没有很多人摒弃所有宗教的种种根基和准则。其中一些人身陷最严重的错误和迷惑之中。

　　为将他们拉回正途,人们应该在少有宗教强制的时代拿起自由,采用其他手段。并非公开宣告和进行侮辱,而是应该说服他们。(136,22)只有不偏不倚,无先入之见,泰然自若地进行过彻底的研究,并且研究的对象是神性,那些需要信念的人才可能以恰当的方式去信仰。

　　这必然是为了使人同美德的诸准则和解,以便为人开辟一条通往宗教的路(138,22)。不应该是在启示中表达的神性意志来规定这条路。第一位的不是它,而是善良和美德。它们指向通往神性及其理性(Ratio)的路。美德是首要对象,它独立于宗教。(140,13)对它的运用首先从人当中造出道德学家,然后造出神学家。因为,对共同体来说,第一位的是伦理教化的兴趣,而非宗教。不提出假设,而是"真实地"研究;因为假设仅仅带来空想。(144,4)哲学及相应的神学在实践中经受考验,这必定是目的所在。

　　必须把诸神设定在高居世界之上的想象空间中!(140,32)只有在这样的条件之下才能建立思想(142,17),给思想一个根据,并且不再可能有怀疑。(142,33)相反,在世可以研究神的精神,依据它在世显现的秩序和统治。

84

　　莎夫茨伯里的思想并非像他的一些对手所断言的那样是无神论的思想,但也不是基督教的思想。相反:他的目的在于获得神性实存(Existenz der Gottheit)的确定性。这条通往确定性的路,并非首先经由启示,而是经由哲学、经由人的理性。人的理性的使命在于研究神性作品，研究世界整体，在这个整体中神性自身真实开显。

所以，他谈论的真正神学是哲学："启示本身，我们知道，建立在对神性实存的承认这个基础之上。""证明而非猜测启示做什么，这只是哲学的职责"。（142,12）首先研究神性精神的秩序或统治。（142,26）只有了解这一秩序，人们才可能承认真正的神性（142,27），并懂得真正的神学。"至高的自然、无限的存在和一位神"，抛却关于它们的空谈——这有辱庄严而直接的空话。（142,22）

研究神性意志需要美德和善良的思想作为中介；真正的神学需要哲学的中介。

在一种高尚的宗教思想上可以展现和确定这一点，也就是依据清净自然的神性之爱本身这个概念，并且不考虑它与人之喜好的任何关系。

就连承认神性之爱的那些人也面临危险：他们的热情草率粗莽，虔诚一度加剧为疯狂，就像古今如是的神秘主义者，不论在古代还是在当今的教会都有此般情形。

相反，另一些人在这种过度的激情面前进行自卫，并代之以狡狯，他们因此完全失去了任何虔诚和能力去赞同上帝的无私之爱。他们被指责为把人死后受到上帝的奖赏看作是承认宗教的唯一理由（146,3），这个指责则完全出于好的政治意图。

莎夫茨伯里还对未来奖惩的信仰做了研究，断定它是人类行为的第一动机。但对人来说很明显（148,28），这种信仰是不自由的，人有能力进行更高的自我教育，也就是让自己从这种低下的、奴隶般的状态中解放出来，投入对喜好与爱的更加高尚的工作中。（148,15）

　　这一工作只来自人们所耕耘的对人格的爱，来自感恩之情和对这种品质的信赖，相信它在自身中是好的，并且可敬可爱（146,30）。关于神性，莎夫茨伯里首先直接将这种思想假定为推测（Vermutung）（150,2），以便以后论证它。他考察爱的最高对象在自然中的显现（150,3），由此检验，他所假定的这个对象是否是现实存在的。我们若在自然中发现神性的无与伦比，就会拥有整体善的 85 概念。（150,5）这一秩序如果名副其实地完美，它就会把所有真正的恶排除在外。（150,11）

　　在世界中考察怎样的对象？首先是美德。尽管美德很容易理解，人们仍然遇到难处。就人的经验而言，美德似乎比不上恶习，这个经验只可能与这个世界相关。

　　如果人们相信在此世之彼岸的"未来王国"，而且不满足于尘世事务的无序状况，那么恶习就不反对美德的神性和天意。

　　不过，我们已经在世界上遇见公正和秩序。这种经验促使我们设想一个未来大厦。（152,6）我们预感到一个伟大的方案，并且不再怀疑我们为何在世界状态中无法达到事事完满。假使世界上没有冲突，我们还需要美德做什么？同样，没有可恶之事，就会没有功德。

　　就算受到逼迫和折磨，人世间的美德也已经为天意所承诺。通过诸物秩序之所示，尤其是它在美德中所呈现的样子可以证明天意。美德必定在世间实现（154,7），因为一个无序的国家最终走向混乱。这里我们再度遇到世界哲学在整体上的意图，这个意图之前已经在霍布斯和洛克的思想那里萌芽生长，也就是为了在政治关系中彻底结束混乱。

出于这个意图，必须在世界上以善意来寻觅美德。如果人们中伤它，仅仅传授对某个更好的彼岸世界的信仰，就只会加剧尘世世界的无序状况。

古人也不会为了能够信仰一个未来的存在者（Wesen）而需要启示。他们热爱伟大人物的美德，热爱社会的奠基者和维系者的美德，热爱立法者、爱国人士、解放者和英雄的美德，他们满足于这种爱，并且愿望这些人的美德生生不息，永垂不朽。（154,33）这里莎夫茨伯里再次强调，只可能在解释美德的基本概念上面理解神和善的概念（156,10）。总的来说他认为，基督教及其伟大准则，如果不建立在爱美德的基础之上，对我们人类的爱则是没有根据的。就这一思想而言，莎夫茨伯里比邻于康德。[①]

通过认识美德并进而认识"人类的体性"（Constitution of Mankind），人获得对众物之中的普遍秩序的理解，由此赞同最高的智慧、善和美（156,26），最终承认并赞美神性之爱。对人类之体性有总体了解的道德家，是一位懂得神的人，而非神学家。

前者的讲道是一种新的布道模式（158,5），完全跳脱出基督教内容。因为它的对象完全具有世界性的特质。首先关乎自然，一如它直接呈现于我们的样子，关心每种植物和动物的特殊构造。然后关乎秩序、自然的一般构造。莎夫茨伯里谈到对无信仰者的布道（160,3），这种讲道方式表明：它关涉一种新的信仰。他还谈论劝人忏悔的布道。人们应该皈依于一种更好的信仰。这里展现新的宗教宣道的力量。

[①]〔德〕伊曼努尔·康德：《实践理性批判》，第一部分，第一卷，第三章。

　　人能够轻而易举地在个体上解释自然要素的合乎规定的运作，但无法在整体上解释自然构造的合秩序性，因为人倾向于从单个要素的不完美推断出整体的不完美。但这是完全非理性的推论。因为，如果人在个体中、在特殊的意义上发现自然中的秩序和完满的理念，那么自然必定在整体上是完满的。(164,5)

　　我们人首先只具有对秩序和匀称的感觉。(164,24)但这两种理念都能理性地加以论证。因此，如果诸物包含在一个统一的计划与目的中，或者是一个完整系统的组成部分，那么就可以谈论它们的秩序和匀称。(164,26)莎夫茨伯里反过来进一步说：如果一个系统的单个和特殊部分自身完全匀称、统一、有形式，但所有部分并不共同统一于一个共同的系统，那么就不发生整体上的关联(166,4)。结果也无法思考共同的系统。

　　如果所有部分在一个共同的系统中相互联结，那么整体就是一个完满的作品。因此可以推论，无论是人还是任何其他生物，只要不在其种类的关联中考察它们，不在与生物系统的关联中考察这一种类，又不在与世界（我们的地球）的关联中考察这一生物系统，最终不在与更大的世界，与整体宇宙的关联中考察这个世界，那么它们在其系统中就不会还如此完美，也不在其自身之外被看作完美的，由此不能完全被看作完美的东西。(166,14)这一思考证明并得出结论：存在一个普遍的系统和内在关联的神的计划(168,10)，这个计划已经在宇宙的自然整体中实现。

　　这并不反对人无法轻易地在个体中统观一切关联，而总是匆匆瞥过。但是解剖学家，我们今天会说是自然科学家，能够做到这一点，就涉及动物和植物世界而言。

有一个普遍的系统，就一定也有一个普遍的精神。我们若看到天地为我们提供的一切，就会不由自主得出这个结论。

但是存在一个由人所引发的疑问。人的恶习、自私，他脱离服务于普遍福祉的系统，可能破坏整体的和谐。

必须应对这一危险，应对这些普遍福祉的敌手，具体说在道德世界中区分人和其他受造物，区分人与其自身。（174,15）我们具有对智慧与美德的天赋，由此和动物相区分，我们寻求并锻炼智慧与美德，由此和我们自身相区分。为此首先需要区分美德和恶习以及它们的作用。

一个人可能天生是好的。他也能培养出高贵的脾性和良好的 87 情思。但不同于他的是这样一种人，他出于自身的自由，努力赋予自己这些品质。正如莎夫茨伯里所言："人能够是有道德的。"（174,6）他要以此表达，人在这个领域被赋予了一切可能性和自由。人只是必须运用它们。

但是谁关心过这件事？人们宁可关心我们这个世界的技术要求，关心政治、时尚、益用的要求，关心每个个体利益的要求，却不问自然要求什么。要问的是："什么喜好对自然来说是好的和适当的，一如它井然有序，完美无缺？"而非问："对于我们直接的自然喜好，什么是好的和适当的？"人们应该重视"激情的平衡"。（176,24）人们由此产生对美德之美的观感，并且从这一观感产生对"至高无上之美"的观感。

这里莎夫茨伯里再度强调自然在自身中的区分，一方面是直接作用于我们的自然，另一方面是间接作用于我们的自然，通过自我教养被构造出来，它是神性自然的馈赠。

　　这个地方我们看到莎夫茨伯里思想中的一个清晰的步骤。向我们提出的任务是：赋予我们正直诚实的喜好。井然有序的自然有其神性的馈赠，我们应该重视这一点并且追问，它要求什么。

　　所以，首先必须避开人们在今天特别会去追问的问题：生活技艺和自己的利益要求什么东西？这关系到完全另外一件事。但绝不意味着莎夫茨伯里会觉得自己的利益不重要。他没有说可以忽略不去维护欧洲的均衡、维持贸易和权力。(176,22)恰恰相反。他决不脱离政治的现实性及其在世界上的秩序的作用。只不过政治的平衡在这里不具有规定性的作用，而且对他想要发展的思想也不是必要的。这里也表明，莎夫茨伯里多么懂得做出行之有效的区分。他能将政治和经济的平衡这一如此重要的思想放在一边，不予考虑，而不剥夺它本身特有的意义，这是因为这一平衡的思想对于发展其独特哲学和完全独特的政治思想无关紧要。

　　自然所要求的事物，需要从自然的当下来取得。通过认真仔细的研究，我们发现自然中的平衡、秩序和协调一致。但这一秩序因为人的无序遭到破坏。(172,26)指的是怎样的无序？

　　无序并非就人的动物性而言，而是关系到人的能力，他使自己成为万物的中心，使整体的福祉屈从于他自身的福利。(172,33)人却在另一方面被赋予了特殊的东西，即智慧和美德，它们使人明显区别于其余受造物。(174,5)我们有能力塑造这种完美，能够辨别诸多不完美与完美(164,7)。如果我们把识别智慧和美德作为主要任务，就既会在有序的自然世界也会在道德世界中发现秩序的协调一致。(176,28)这促使我们相信，美德是真正美的；这个认识又巩固了如下信仰，即相信存在至高无上，广大无垠的神性之美。

由此可见，人也是宇宙秩序的一个例证，然而不是直接的，而是通过对自身的教养而成为这样的例证。

这里神性尺度的思想得出结论。泰欧克勒斯以如下言辞结束了他的讲述：

"神性无疑是美的，是所有美中最殊胜的美。"（178,4）我们看不到其物体的美；神性将在其物体化的作品中直观可见。谈的是"形体"（Body）。我们想起：霍布斯的思想以物体作为开端。这里是："被赋予美的物体"，"并非一个美的平原，而是赋予平原美的东西。河流之美，海洋之美，天空之美，以及天体星辰之美，一切从一个永恒的，永不枯竭的源泉中流出。生命一汲取此源泉，就是美的，旺盛的，幸福的；生命一缺乏此源泉，就是丑的（没有形式的），衰败的，无望的"（178,7）。

在莎夫茨伯里的思想中，认识上帝实存的根据在事实中，在现存的、对经验开放的自然对象中。莎夫茨伯里特别提到，不是追问第一因、第一本质、运动之开端，也不是追问非物质实体和物质实体之间的区别。

依据这个提示，世界理性与自然理性（笛卡尔，斯宾诺莎，莱布尼茨）的区分跃入眼帘。

对于笛卡尔来说：不以朴素的自然和对它的排斥为开端。自然从其可能性中展开，因而是可构造的。

针对泰欧克勒斯的讲述提出了什么异议？他遭到怎样的怀疑？如果我们所见的整体是秩序井然的系统，那么这个整体有可能只是一个更加庞大的不可见世界和物质的一部分，这个世界由混乱所规定，并且强占我们有序的世界。（182,26）

莎夫茨伯里在这里从根本上改变了对自然的理解。同时代的神学家分开神和自然。莎夫茨伯里却认为,对自然的理解和对神性的理解密不可分,他直接把前者作为后者的不可缺少的前提(184,6)。

为何自然对非理性受造物如此慷慨,却冷落人类呢?答案是:假使人被赋予一切自然的优长(Vorzüge der Natur),他得到了什么?因为,相对于牲畜来说,人之卓越依据完全不同的事物,我们应该追求人性的诸项完美:追求"思想和理性"(192,11)。

因而,追求构成其他受造物优长的事物,这不符合人的规定,也不符合人的"均衡"。尤其是哲学家和艺术家(Virtuosi)应该满足89 于身体优长的适度份额。自然已将万物有序而和谐地分配与安排。人应该运用其知性和理性。他并不必然需要直觉。这会与自然的节约相违背。缺乏直觉,无助,这把人和社会绑得更牢(196,27),并且迫使人认识到,他是被有意地,而非偶然地赋予了理性和社交(同上)。由这一能力又产生出完全普遍的义务和责任,以及对婚姻的兴趣、对父母的亲切感、对市政府的义务、对公共城市、教区和国家的爱,连同对生活中所有其他特殊的义务和社交的爱好。(196,31)

理性和社交因此建立在人的自然不足之上。另一方面,人天生爱社交,并且总是于生存之初便依赖社会和共同体。

莎夫茨伯里因此和霍布斯相对立。霍布斯断言人的狼性和战争的初始状态,人们共同生活在这样的状态中。莎夫茨伯里驳斥这一思想的逻辑合理性;因为,并非人人具有贪婪的狼性(212,30)。

莎夫茨伯里反对霍布斯的论证。但他在世界性的目的上与霍

布斯保持一致，人越厌恶混乱，就越可能成为更好的公民，并且尊重诸法规和宪法。（212,2）

洛克也不把思想建立在人的狼性上面。他认为，人在自然法状态下享有完全的自由支配其人格和财产。这种状态下，人受到随心所欲的暴力的威胁。人因而需要惩戒和规范化，借助于他所实现了的世界理性，莎夫茨伯里也这么认为。

第五段中，莎夫茨伯里进一步研究社会所面临的危险。首先是诱发狂热和迷信的危险。

相反，迷信对于霍布斯来说并非中心主题，尽管他也告诫要提防对不可见之物的恐惧，恐惧因不可见之物而与真正的理性分道扬镳。（《论公民》，16,1）

洛克为了理性更加集中地研究迷信的危险，它在洛克的思关系项中得到了阐述。

相对于山岭和山谷，相对于静穆的森林和小树林，坟墓和教堂墓地更对依赖于迷信的那些人产生影响。（《道德家》，216,16）怀疑论要求反对任何迷狂的庄严肃穆。狂热者通常并不故意进行迷惑，而是陷入无辜的自我欺骗之中。他们之所以处在特殊的危险中，是因为他们能够远为自然地发挥作用，并且在死后也如此。（218,24）然而，人有种习气，相信罕见的、难以置信的事物，从而导致欺骗。人乐于带着惊奇看待一切，并且落入轻信之中（220,33）。

《圣经》告诫我们警惕这种轻信。针对"信以为真（Belief）"必须确立"实可信据（Faith）"（122,5）。每个人都享有确信的自由，否则的话，不可能追究他的责任。轻信肯定不是人的某种命运。

自由使人免受异端邪说和虚假宗教的迷惑。与异教、伊斯兰信 90

仰以及犹太教相反，基督教的特点是不要求相信预兆或奇迹。不要求未来的征兆或奇迹，莎夫茨伯里把这一点看作一个虔诚基督徒的最可靠的标志。

不怕未来奇迹影响的人，其基督教信仰最为坚定。(224,15)相信奇迹既对基督教也对国家是最危险的。(226,5)与此相对，莎夫茨伯里坚持耶稣基督的启示。它是理性的、清晰的，证据可靠，无可争辩，因为它已经完全得到了确证，以至于不可能有争辩。(228,4)而遵循奇迹信仰的人将无法回答，奇迹怎么就不是魔鬼引起的。所以需要理性。(230,28)但理性和判断力取决于什么？仅靠神圣见证不能证明有关神性统治的真理。人必须能够自己检验什么力量起作用。所以人理应享有检验的自由。检验的自由应该指向对世界整体的考察，对其法则和统治的考察。(230,30)只要神性力量是善和正义的，它就不对人禁止这一自由。神性力量必须是善的，否则人就无法信赖它，也就不能被说服。(232,12)

如果经过检验在世界的法则和统治中发现公正和平等，那么就宣告了一个正义本质的统治。(232,20)这个"历史经验"是第一位的。在它之后才是对超自然信息的敏感性。也就是说，只有依据对世界的法规和统治及其公正与平等的经验，才能够推断出超自然的神性正义和真理。依据奇迹征象惊天动地的人无法获得这种认识。

相反，迷信导致无神论。

第三部分开始于泰欧克勒斯的思考。泰欧克勒斯不把自己想象成类似于维吉尔所杜撰的神，他赞美生于混沌的诸物之化成。这样的神会赞美或引起源于混乱的创造。与其活泼粗野的性格相对，莎夫茨伯里相信一个半神或英雄(242,36)——一个可朽生命——

的自持与冷静。

创造自身无法给诸物带来秩序与和谐。只有精神，只有思想，能够做到这一点。就此而言，精神支配身体，而非相反。（244,3）

这令人想起在《旧约》中和在《新约·约翰福音》的开头（"太初有道。"）有关创世的不同，这一差别具有划时代的意义。

精神在自然中活动。（244,14）莎夫茨伯里所理解的自然并非由我们的感官所直接感知的自然状态，而是经过理性中介的自然。谈的是"神性自然"，"天意的智慧化身"，"得到授权的女造物主"，"授权的神、至高的造物主"，谈的是一个处所，在这里田园式的思索被奉为神圣的（246,14 ff.）。神所造的生命与美的自然（246,29），是一切美与完满之根源的作品（246,31）。它是神之造物的全体，而非神性本质，因为后者玄妙莫测，以至于人们也可能屡屡劳烦想象。莎夫茨伯里的这个看法和霍布斯、洛克的想法一致。不过，诸作品是可以探明究竟的。为此，神性赠送给人理性和认识的天赋。神性使人能够认识神在其作品中的作用。这一能力构成人的尊严。

自然，出自神性工匠的巧手。她是"环宇之天才"，是宇宙整体的映照。她的建制合乎目的。所以，思考在自然中显现的诸物，并非单个地，把它们彼此分开来看，而是把它们放到与其他诸物的关联之中。

关于自然，布鲁诺（G. Bruno）也说过："她以中庸之道把多种形式带进作品中，使它们变成单一形式的秩序"，也就是变成普遍统一的法度——在无限的宇宙中没有地点的差异。[①]

---

① 〔德〕博德：《形而上学拓扑学》，第362页。

莎夫茨伯里以树为例说明所有部分的统一，它们与一个共同体的目标，与美的形式的维系和延续相一致（252,5），一致是看得见的。同样，所有其他自然物在其寿命以内只依赖于整个世界所依赖的自然。（252,26）

这一普遍思想促使莎夫茨伯里对人性自然、人的品性（254,1），其本质，同一性及其自身进行具体的研究。

他首先考量，从研究材料或物质性出发是否正确。这一思想却导致虚无。它必定结束于这样的认识，即人一如世界，只不过是改造了的材料，是持续运动中结成的一团，人的分散的思想和认知力，随着材料的变形同时生灭。（264,9）这一思想没有支柱。它是无神论思想。

让我们回顾普遍性中的自然。自然的自身存在于何处？存在于一个原则中，这个原则联结特定的各个部分，并依据这些部分的益用和目的来运思和行动。（262,23）但整个人的体系是什么样的部分？它是某个为自己本身的整体吗？不，它与自然的整个体系相关联。这一原则具有结合的属性。（262,31）就像人支配自然所赋予的思考的力量，自然也臣服于一个思想、一个精神。一如自然中的万有受到不计其数的特殊的思考和行动之原则的规定，也存在普遍的原则、普遍的精神，为了自然的整体来运思和行动。这至高而原始的自身对于人自身构成原因。

因为前者把对一个精神的信仰（"感谢天命"，264,18）赠予后者，这一精神将人的身体、喜好、激情、欲望、观念、幻想等执持在可接受的和谐与秩序之中。（264,18）

而这里才开始人的教养工作。因为人同时相信——经过说

服而确信——，宇宙的秩序比人自己的秩序更加完美。(264,22)
所以他的任务在于，"真正与原始的自身(世界之大一)相齐一"
(264,32)。关键是，懂得自己与自然相齐一，这是说，与理性法则
所规定和安排的世界相齐一。

这里表述的任务，尽管有着时代的区分，仍令人想起中世纪的
要求：成为上帝的肖像。

人有能力完成这一使命，并被要求完成它，因为其特殊的精神
和普遍精神具有相同的实体。人的精神若与普遍精神一致，共同参
与到普遍福祉中，而且只愿望与至善意志相符合者，则对身体发挥
相同的作用，它是运动和秩序的根源，同样地简单，自成一体，不
可分，并且和普遍精神最为相似。(266,2)

自然确定而持久地产生其自身福祉所要求的东西。她在其中
驻留于自身。她自己不认识颠倒的行为。她只是好而公正地发挥
作用。(268,18)

就此再度回想起霍布斯关于人之狼性的看法，不过他从这一点
出发为的是另外的意图。

然而，自然受到"陌生者"的妨碍或伤害(266,26)，无论是遭
受内在的紊乱，还是遭受外在的暴力。自然的反抗更加表明她驱除
弊端的渴求。

如果个别的自然持久地产生有益于她的善和完满的东西，那么
整体的自然也必然会这么做。(268,7)

这一结论无可反驳吗？人们能从"生活屡见不鲜的诸多意
外"中推断出天意吗？这不是迷信？世上恶的经验不反对这一结
论吗？

　　如果一个对我们显现为恶的东西也必然是恶的，就会是这种情况。但这个恶也可能真正是善的，因为它有可能对共同体的福祉和伟大整体的福祉出一份力。一切在整体中可能的（事），整体的自然或精神为了整体的福祉都肯定会去做。

　　此外还可能的是，如果可以真正排除恶，那么肯定已经排除了恶；除非不只有一个包含于整体福祉的普遍原则在发挥作用；又或者有另外的或更多的原则，或者没有原则。而莎夫茨伯里具体阐述的这三个观点中只有第一个是合乎理性的。

　　接下来进一步研究"生命的原则"（vital principle）（276,28），它是"无与伦比的天才"的"生命的原则"。换句话说："守护神"和"赋予灵感者"。"Inspire"译成德文是 Eingeber（注入者）或 Geistgeber（赋予精神者）。这关乎一次赠予。莎夫茨伯里称之为"唯一赋予生命和激发灵感的力量"、"作者和主题"，这些思想的肇始者和对象。它们源自"生命的原则"。其中明显存在一个相互作用。

　　首先这赋予精神的力量是构成原因的。它影响万物。它居于
93 万物。它通过神圣而不可侵犯的法则推动整体的福祉。它流经万物，永不枯竭。它持久稳定，提供稳固的支撑。

　　自然法则就其自身而言产生这样的作用，万物都活着并且通过稳定持久的更迭一再回返生命之中。（276,30）尘世的存在者（Wesen）离开借来的形式，总是将其实体的元素转让给新生代。（276,31）人因此体现出了持存的原则，但人的形式在不断变化并且在其他形式中重现，从而本质上为自然的整体发挥作用。

　　尘世的存在者被唤入生命之中，它们观照到光，在观照中逝去，

由此其他的存在者（Wesen）成为这庄严一幕的观众，并有可能因自然的惠爱而感到欢喜（276,34）。自然在善的赠予中进行复制。她具有善的质（Qualität）。每一个实体得到完善。

即使材料遭到破坏而腐烂（278,10），其残留物却保存下来，凭借相同的工艺转而加工成新的材料。

要是我们能静观这一腐烂状态，不动声色，毫无反感——反感引发情感，那么我们或许会为之惊叹，并且相信这一转化本身就是以自身为目的或者是最终目的。（278,12）

我们会发现作品中奇迹的一幕，即便是最敏锐的感官凭借最高超的技艺和最伟大的理性也无法探明其究竟。自然科学就研究技术之知而言有其界限。对于运动的诸规律，我们所知寥寥。（278,30）莎夫茨伯里并未进一步探究这种自然科学，而是强调自然科学在产生技术和机械知识中的局限性。他的思想指向自然的道德的一面，指向她的慈悲、她的质，质在于必定服务于共同的目标。

同样，对时间和空间的研究无所收获。

去理解感知和思想的原理的工作也是徒劳的。我们将无法理解，思想如何能从材料和运动中产生，或者后者如何能从思想中产生。

思考的力量为我们所特有，这就够了。（280,21）思考的力量是唯一我们能够确认和信赖的实存，我们意识到它。（280,22）其他一切可能是梦幻泡影。理性长存。这一意识同时促使（我们）觉悟到那原始的、永存的思之力量，我们的力量来源于它，它超越于我们的感官之上，并且促使（我们）觉悟到"无与伦比的天才"，一切真实者，一切完满者的所有作品的伟大典范，它就这样间接地传达给

了我们,居住在我们的灵魂之中。(282,1)

一切自然的奇迹有助于在我们心中激起关于肇始者的理念并使之完善。(282,4)这里肇始者让我们看到它的理念(282,5),甚至和它相处,更好地与它商谈,以一种与我们的弱小相应的方式。这一思想很好地导向交谈,这对于莎夫茨伯里来说十分重要:交谈也是神性的,它属于受造的自然。

在造物主最高贵的作品中,在伟大的世界建筑的体系中观照 94 到造物主,这是多么地庄严!这样一种思想,它令人想起克罗德[①],例如他的作品《牧羊人和羊群》(Landscape with a Goatherd and Goats);令人想起沉思默祷,想起将自然看作神性典范的映照。

莎夫茨伯里接下来举例描述伟大的作品,它们由"至高者和第一推动者"(285,24)执持在运动和神圣的秩序中。至高者以更高的技艺统领旋转的星球,使它们永葆活力。他是"睿智的经济学家和强大的首领",自然中的一切元素和力量都臣服于他。(285,27)

他是诸运动的肇始者和指挥者。他从物体世界的纷乱中创造出秩序。诸多元素争斗不止,他使这种不合变成和平的统一,变成造化的和谐与美,生生不息。人区别于其他物体,一个超越的神圣精神赋予他灵魂(287,16),把他引向天父,一如任何世间的身体由

---

① 克罗德·洛林(Claude Lorrain,约1600年—1682年11月21日),也译作劳兰、劳伦或罗兰恩,原名克罗德·热莱(Claude Gellée),是法国巴洛克时期的风景画家,主要活动在意大利。洛林在当时的画家中是对风景最感兴趣的,他画了许多速写和草稿,但在当时的气氛中他画的风景大部分也要点缀些人物,或城堡、建筑等,即使海景也要在港湾中,同时他也画了大量的肖像、古代英雄、圣人、神话等。根据他同时代人的记述,洛林是一位非常勤奋的画家,具有敏锐的观察力,对待他的学生也非常友善,但他直到去世始终是一个文盲。(参考 Chisholm, Hugh 编《大英百科全书》(第十一版),剑桥大学出版社1911。)——译者

重力引向地球的中心。

接着是研究单个的元素，大地、耕地、矿物、风、水、阳光、黑暗和寒冷地带，炎热和干旱地带，盛产宝石和香料的地域，大型动物、小型昆虫、植物丰饶的地域，尼罗河、沙漠、阿特拉斯山脉、黑暗深邃的森林。

莎夫茨伯里行走大地，他发现——无论在贫瘠之乡，还是在富饶之地——处处可见整体完满的奇迹，处处为那经济的公正所确认，万物为之贡献自己的一份，一切隶属于它。(308,17)比起奢华园林的人工造作，莎夫茨伯里更喜爱陡峭的岩崖，布满苔藓的岩洞，和荒野中一切令人怔然的赏心悦目。(316,15)对他的思想具有规范性的是"自然的美"，即未经人工雕琢、未被形式化的自然，但这个自然被看作由上帝引领和调节。

对我来说，似乎有必要在这层关系上简要谈谈英国自然风景花园的起源。大概在1720年，英国发生了范式的转化。此前，花园依据法国模式，从小规模构造的形式发展成了近乎雄伟规格的形式。自此以后，人们开始脱离这种惯例，并转向同样仔细斟酌过的非正规形式。

新的花园建造师从事实中找到非正规形式的依据，事实在于，自然自己操心自己的生长。首先，观赏风景成了一时风气。拓展已经开辟了的花园和公园，把后面整个看得见的土地揽进来，这几乎是不可能的，所以人制造了一种错觉，一种自然而然的假相，这种假相在于人们假想地平线似乎也得到了开拓。人们去掉看得见的障碍，在房子紧邻的周遭看不到的地方，在这个位置上设立边界，从而制造了这种假相。如此形成了所谓"自然花园"的趣味。人们拆掉作为边界的土堤,开凿壕沟,也就是所谓的哈哈墙(Ha-Ha's)[①],其特点在于,人们散步时出乎意料地碰到障碍,这些障碍在远处辨
95 认不出来。可见的边界一去除,人工形式也跟着消失了。之前建造
花园与房屋相协调,如今不同了,花园与环绕于它的开阔的视野相
协调。沃波尔(Walpole)[②] 说过:"告别管道、圆形水洼、自大理石
台阶上翻腾而下的小瀑布。"为打破空旷草坪的千篇一律,人们种
植"Clumps",即"灌木丛",杂乱无章的灌木丛,拆掉水渠并代之
以河曲及蜿蜒的溪流;建造遗址、岩洞和假山。

　　一座 18 世纪中叶典型的花园,以其一切自然性和绘画特征,
可包括几英亩浅滩,还有一座希腊神庙,几座帕拉第奥式桥梁,一
间哥特式的夏屋,一片罗马式遗址和一座中国式塔楼。[③]

　　莎夫茨伯里因皇家园林作为一种生硬的人工化的表达而拒斥
它,他感谢英国风景花园的创造。自然风景花园的元素,即便尚且
险峻、粗野、朴素或者杂乱,也有其伟大之处,其"壮美"在于,它
们是对原始美的模仿。人们必须为其原型的缘故而考察它们。

---

　　① 哈哈墙 [Ha-Ha's] : 说是墙,其实只是一道壕沟,也称干沟。游人随着兴致四
处游览,能赏到近景,更能极目远眺,待走到干沟前才发现不能前行,于是哈哈一笑,
哈哈墙由是得名。作为园林的边界,由围墙到壕沟之变,正说明了英国园林对自然的追
求。——译者
　　② 霍勒斯·沃波尔(Horace Walpole, 1717 年 9 月 24 日—1797 年 3 月 2 日),
英国艺术史学家,文学家,辉格党政治家。他以伦敦西南部特威克纳姆草莓山庄
(Strawberry Hill House)闻名于世,他以这栋建筑作为哥特小说《奥特兰托堡》(*The
Castle of Otranto,* 1764)的背景。主要著作还包括《英国绘画轶事》(*Some Anecdotes
of Painting in England,* 1762),《园艺的现代趣味史》(*History of the Modern Taste in
Gardening,* 1780)等。——译者
　　③ 〔英〕参见:约翰·斯蒂克曼,《趣味的规则》,伦敦,1936 年,第 55 页及以下,
很好地描述了英国花园文化的发展。

在自然风景花园中，神性与自然的关系转变为人与自然的关系。自然在任何情况下都是受造和神性引领的自然。自然的创造所借助的诸元素，由美和秩序的法则所规定。看上去似乎只是自然沉浸在自身的生长中。她变得如此精纯和完善，从而一个新的——自然显现的——对象产生。她离开了其自然的规律性（Gesetzmäßigkeit），但与其理性（Rationalität）相齐一。

对优美自然的观照导向对自然的爱恋，导致激情。我们在自然中发现的美，是"第一重美"的柔弱的影子。（318,8）对这种美的直观激发爱。（318,11）美让人感动，令人迷醉。人入了迷，因为他看到对第一重美的模仿。他真真切切地迷醉却是为了原始美的缘故（318,26）——即神性之美。

但爱不可以是贪婪和虚荣的。（320,27）莎夫茨伯里反对纯粹的"享乐"（322,27）。这种爱诱使人放纵。它指向纯粹的感官对象，由冲动和单纯享乐所支配的自然。热爱自然本身拥有的对象，与前一种爱相区别；这些对象是真正美的、高贵的或者好的。

这种爱是新的真实的激情。（326,5）对它无可非议。相反：必须追求它，因为它是判断出至高之美的动因（326,35），追求它是为了培育美自身（328,16），也就是为了达到更好的洞见和认识。为此需要灵巧或科学。这种美与善保持一致。（324,13）它既不匆匆易逝，也不自私自利。

由此产生出人的使命：研究诸物的真实价值。探其实虚。完满的美在何处充盈，又在何处遭分割而残缺？而美不单纯地依据物体，而是在"活动、生活或行动"中（330,8）。莎夫茨伯里以艺术为例加以说明。借以构造艺术对象的材料并不是美的。真正的美是

96

美化的行动。(330,24)莱布尼茨以非常优美的言辞表达了这一点："为大地换上新衣(Embellir la face de la terre)"。[①]

这一行动是进行思考和做出决定的行动。所以,美的原则不是物体,而是精神。(332,5)所有美的吸引人的(东西)不在材料中,而在艺术和旨趣(Absecht)中,在造形的力量之中。(332,11)打动人心的是旨趣,它产生出了作品。没有形式,没有精神的材料是丑陋的。(332,17)

莎夫茨伯里对美进行排序,确定了美的三个级别。第一级别的美构造僵死的形式。(334,2)第二级别的美由自己构造自己的形式组成,这是说,它们拥有精神和行动。(334,6)这里我们发现双重的美:二者是形式(精神的作用)和精神自身。造物可以是宫殿、钱币、雕塑等。第三级别的美由进行构造的(bildend)形式组成,它们又再创造出进行构造的形式。(336,5)"构造进行构造的形式(bildende Formen)。"造物是拥有精神和生命的诸物。

创造出与精神齐一的形式,作为更高者的工具。这里关系到感觉的创造,借助于决定、原则、喜好和行动。(338,6 和 138,8)造物是精神的孩子。它们源于好的知性、情感、知识和意志,以及美的概念和原理。(338,10)

这些概念是与生俱来的吗?莎夫茨伯里首先断定,精神孕育精神。一切美的原型,还有精神、孕育人的精神,结果产生出精神的孩子。这个孩子是一个精神,它拥有公正而高贵的概念和原理。

精神之父孕育精神。他不像别的父亲那样变得衰弱,精疲力

[①] 〔德〕莱布尼茨:《人类理智新论》,IV c. 3 §27。

竭，相反他越来越强大。他不可以游手好闲，相反必须孜孜创生。

通过不断完善培养出一位自然的天才。多产的精神是化育之美。美有待获得。这里我们看到从精神之父到精神再到精神之子的次序。它们现在是艺术的作品还是自然的作品？它们有可能不是与生俱来的，但源于自然。化育之器是自然的馈赠，和在直觉的形成那里一样。自然赋予人"前概念"，较高类别的前概念（342,17），"对公正和美的前概念"（342,20）。它们何处可见？在人眼前可见的外在形式中，就可以感知到美与可敬可爱。这种形态动人心扉，无须任何教学。

物体（Körpern）的"我所不知者——美"（"ich-weiß-nicht-was-Schönheit"）不可称名。这里并未藏着秘密，相反，美通过形状、颜 97 色、运动和声音得以表达（344，8）。

首先只考察形状作为例子。（344,25）这里关心的是简单的形状，球体、正六面体或者形状的颜色。（344,15）一个孩子最先抓取它们（344,16），并去拿球体、圆柱体和方尖柱。为何？只因为诸形状自然的美。

难道没有行动的自然之美（344,25）？在形状、声音等那里，自然而然立刻就有美的感觉。我们认识优美与和谐。同样存在行动，人之喜好与激情的自然之美。（344,29）人能够自然地区分美与丑，可敬可爱与可憎可恨。自然中有区别的根据。因此，觉察区别的能力，即分辨和判断能力也是源于自然的理性。（346,1）

所以，莎夫茨伯里与洛克相对立，后者否认理性能力，反之承认理性的获得。而莎夫茨伯里确信，理性能力与生俱来，更好地说法是：理性能力是自然的。

理性要求把握从一个到下一个的进展，而不建立偏离的对立者。既然理性是与生俱来的，那么人会不顺其自然地对何为好的、得体的、正派的及何为其对立面都总是持有同一种意见吗？

重要的是首先在原则上普遍承认差别，寻得赞同。但具体解释是有争议的。无人教授，也无人学习原则性的差别。差别却众所周知。(346,22)普遍的模式，规则和尺度，所有人自己都拥有。但是，一切在应用中反其道而行之。无知、自私和激情损坏了洞见。

所以，必须努力追求的是，美和善始终同样地起作用(346,29)，并从而建立一种同一性。美关系到人们原则上承认和赞美什么。善是人们事实上进行什么自我教养以及人如何行动。

必须加强思想的同一性。人进行自我说服、自我劝导，(348,12)来实现这件事。这促使理性在我们之中得到巩固。

我们如何劝导自己、说服自己？我们为胆怯所挟，害怕不忠实于自己的判断。(348,22)必须同这样一个异议做斗争，它认为没有什么东西是自身可敬可爱的。(348,27)一切只不过是"意见、时尚"(348,29)。它们造出美与丑。"意见"是尺度和准则。只不过偶然、时尚和教育起支配作用。

生活经验反对这个异议。(350,34)例如，人为何感到羞愧？错乱使人脸红，这来源于对本身可耻可憎的东西的感觉。(350,19)人为何会感激或愤怒？因为存在先行的正义感和非正义感，感激和愤怒产生于它们，而非产生于某个偶然事件。

98　　　连最坏的人也可能宁可复仇，而不要任何其他利益乃至生命的利益，之所有如此，只是因为对想象中的不正当行为的憎恨或某种对正义的热爱就他们而言更加重要。(352,23)骄傲的态度也是一样的。

对羞耻、感激、愤怒和骄傲的经验使我们认识到，人承认自然的、自身可敬可爱的东西。

人可能违反美和善的自然而行动；人们普遍承认，有关称誉的、高贵的概念或卑鄙的、可耻的概念，是自然"印"到我们心上的（自然印象），而且是自然自己产生的，不可能为人工技艺或反自然者所消除或损坏。

对美的真实的享受是善。（354,35）但对美的享受还需要进行一个辨别，即辨别精神的愉悦和感官的愉悦。

真正的美不可能是感官的对象。以味觉为例。好的味觉享受并不就意味着美的享受，人也可能把食材称作美的，无论它们来自菜圃还是山野。取悦人的并非形式而是美味。

泉水或植物的美只是刺激感官的东西的偶然标志。（358,17）

只具有感性的牲畜，无法认识和享受美。（358,26）由此推出，人仅仅以感官的方式也不可能认识和享受美。人只能够以更为崇高的方式，借助于生命中最高贵的部分，即"精神和理性"，来享受美。（358,33）这种美是后天获得的（360,36），因而是培养出的、人工的美。人只有通过它才赢得尊严。（358,33）人的精神若是健康的、高尚的、美的、伟大的，那么人的喜好、行为和事业也便如此（360,1）。这样的行为，由对美德、友谊、荣誉、感激、正直、友善和所有社交之乐的享受所规定（360,15），其自身是美的。它值得灵魂经常加以思考，而灵魂享受在美中的进步和成长。

莎夫茨伯里简要重述：美与物体无任何共同之处。它的规定因在精神和理性中（360.36），我们只能借助于我们本质（Wesen）的这

个神性部分认识和获得美。我们若与自身相识,就能不断完美,成
为艺术和美的行家和大师;但并非通过单纯观察物体或外在形式。
那只会意味着倾心于奢华。不,必须以不同于石块和大理石的其他
材料来建筑。

莎夫茨伯里以思的方式建筑,他也想鼓励人们成为建筑的大
师:成为自己生活和幸福的建筑师,让自己安驻于有序、安宁与和
睦的持久稳定的地基上。(362,28)

99　　　莎夫茨伯里在第三章中进一步说,谁如果顺从人的个人利益与
享受,他就发现不了普遍承认的善,也总找不到生命本身。在这样
的条件下,人变成奴隶,因而不幸。(370,2)

与之相对的是确立自由(370,8)。为此需要区分"金钱的财富"
(即纯粹的物质财富)和精神的财富"(372,3)。必须把持住"物质
财富"的无常运道(370,23),也要克制嫉妒和猜忌。

与之相对,必须追随较高的自然。人应该摆脱激情和低级自
私的奴役(370,33)。人的自由正在于此。也就是,顺应世界整体
的神圣秩序,与自然和谐一致,并且与神、与人类生活在友谊中
(370,34)。

我们必须赞美和歌颂神,其天意令我们的福德和真正的善依赖
于我们能够自己给予自己的诸物。(372,32)"它将我们的幸福和善
放在了我们能够给予自己的事物中。"莎夫茨伯里之自由思想的明
澈和全部力量就在这句话中。

要看这样一个格言:让心免于无常财富的束缚,让心摆脱这样
一种思想,即认为善只是我们在幻相中假想为善的东西。这会纯属
想象。(374,7)

我们若不愿跟随一时的兴起或幻想，必须做什么呢？（374,12）我们必须依据怎样的准则进行判断（374,20）？福德，部分来源于我们自身，部分来自外部事物。（378,14）我们必须斟酌每个方面，重视纯粹依赖于我们的内在的善。

还有一些其他方面需要注意。在斟酌时，人不可以对营生、对这个世界毫无用处。（378,24）莎夫茨伯里因此脱离一切乌托邦或纯粹的理论。思想必须能够经受实践的考验。它必须使统一意见成为可能。

我们权衡和判断内在的财富于何处取得优先权，就是在进行哲思（philosophieren）。（378,21）而在斟酌时，我们也应该像所说的那样想一想，考虑到一切财富应该做怎样的减法，这也是哲学。例如，我可以给予爱、给予虚荣心多大的空间？放弃善有怎样的代价？如此之斟酌——法语为"思量"（penser）——是公民时代之思的典型。

人应该始终注意，他应安身于其力所能及的诸物，由此，相对于幸福的偶然事件而处于更好、更安定的状况中。每个人必须自己获得知识。哲学地思考和行动首先要求：在理性中锻炼自己，培养理性，学习研究生活的诸事物，努力按照普遍法则来安排生活。每个人必须探究其真正的善和真正的恶是什么。在权衡一切内在和外在的事物时要注意，一切皆有价值。人必须为之付出或放弃一些东西。发现恰当的尺度，这取决于每个人的自由。

依据最完美者去经验和锻炼，并由此获得教养的人，便最好地 100 达到了目的。

第三部分　在其理性关系秩序
中的莎夫茨伯里

I. 导言

　　通过莎夫茨伯里自己认定的基本作品，我们才可以隐约看出他的理性关系。

　　我们已经看到，他致力于研究"美德和功德"这个对公共政治生活来说重要的主题，从而承接洛克的政治关切；因为一位大丈夫（ein Mann）的功德根本上是他在政治生活中获得的。

　　接着我们看到，他接过洛克的宗教主题，但完全改变了它。这里谈的不再是基督教的上帝，而是首先在抽象普遍意义上的神性。毫无疑问：他的世界之基础不再在基督教思想中。

　　莎夫茨伯里在研究中一步步走出其洛克的开端。尽管他已经以"美德"造出独立的事业，但他的思想却只在凭借激情踏入宗教领域时才达到成熟；最后是在得到澄清的宗教内部，这是通过研究世界道德和在政治物体内把人培养成公民。

　　接下来将进一步研究，莎夫茨伯里的著作是否具有一个独特的理性思想的特征，并且是否会由此形成独特的成果。如同在霍布斯和洛克的思想那里，我们要进行最精确的检验，以使我们的判断获得必要的可靠性。检验的是，完满的思想能否在序言中已经阐明的理性关系建筑学的意义上经受住逻辑的建筑的考验。

莎夫茨伯里放弃了学院的思考方式，以优美而富有艺术的方式呈现其思想，因而他的工作显得无章可循。但准确来看他并没有放弃方法。他也进行划分和整理，尽管未向读者直接地展现其秩序。莎夫茨伯里给秩序蒙上一层面纱，为的是不学究式地、不枯燥生硬地发挥作用。出于世界性的意图，他想要激励和促进社交与普遍的理解。正因为这层面纱，他似乎更应该获得美学家而非世界哲学家的称名。

但毫无疑问：莎夫茨伯里并不对准学者，也不对准消遣娱乐的社会，他的旨趣在于有教养的政治社会，即乐意并有能力在共同体中承担义务的社会。

为了理解莎夫茨伯里的计划，如下更进一步的区分具有初步意义。不同于由笛卡尔、斯宾诺莎和莱布尼茨以杰出的方式造就的自然理性之思，莎夫茨伯里如在他之前的霍布斯和洛克所界定的那样，他意识到：在对象和认识的关系中，对象是第一位的。 104

莎夫茨伯里也首先考察外在对象，然后才探讨认识。

我们已经看到，在霍布斯的思考中，物体是第一位的。洛克也坚持经验的优先性，物体经验的优先性。他开始于经验，将其理解为外部对象。

莎夫茨伯里开始于作为最高本质的神。神首先是对象，也就是说区别于"我"。思考的对象是最高的力量，它赋予世界整体秩序、让世界整体变美。"我"出现在第二位。首先世界必定在其美中被经验到；美，并非由"我"所造，而已经是对象的美，即存在于对象自身之中，因为对象原初是神性的。

不管是在霍布斯，洛克那里，还是在莎夫茨伯里这儿，这种关系本身在它的基本判定中没有改变。始终以对象为开端，即便最后莎夫茨伯里把对象作为总体对象，即世界作为美的秩序。

相反，在笛卡尔、斯宾诺莎、莱布尼茨那里，我始终处在第一位。从"我"出发，发展出对象。莱布尼茨把这一点做到极致，以至于对象本身消解为某一个"我"。对象消失在其独立性中。

莎夫茨伯里也以对象为开端：神性——现在我们要转向这一开端。

II. 自然作为神性的典范映照

建立国家的必然性，在霍布斯那里产生于对内战的恐惧，在洛克那里根本上由个体对其财产安全的担忧所决定，而人们可能更愿意将莎夫茨伯里的态度称作完全积极的态度。他为一种渴求所推动，即为了共同体的福祉，通过教育来完善人类的风俗礼仪以及人与人之间的社交环境。

然而莎夫茨伯里工作的出发点也是一种不良状态，不过这种不良状态没有生存上的负面效应；因为莎夫茨伯里可以假定人们确立了公民社会。

同样他也能在历史方面断定：在不到二十五年的时间里，国王和民众之间的暴力已经达到相当好的平衡，以至于我们迄今为止棘手的诸自由已经十分牢靠，对于国内的暴动、内战和暴行，无论它们是由宗教和礼拜仪式，还是由臣民的私有财产，又或者是由王室的争议资格所引发的，我们都已经摆脱了对它们的恐惧。(《独白》,122)

莎夫茨伯里看到抵抗在他的时代当下流行的激情、并对这种激情加以区分的必要性。这种激情危害政治道德。它由自私决定，披着教条主义的外衣登场。莎夫茨伯里把它理解为宗教狂热的严肃庄重的假象，其追随者引证《圣经》权威及其所谓明确性作为依据。它的成功以人进行自我欺骗的能力为根据(《论激情的书信》,310),自我欺骗表现为：人狂热地沉溺于迷信之中。莎夫茨伯里发觉人在对其具有权威性的宗教上的不安定感。(《论美德或功德》,30)

从法国流亡至英国的胡格诺派，其出现在根本上引起不安，他们借助先知的预言激发不安，用"殉教精神"取代爱与人性的精神。[①]

相反，世界的实践要求调解宗教纷争，因而要求辨别宗教，因为，相信奇迹乃至迷信对国家——此外也对宗教——是最危险的。(《道德家》,226)什么样的宗教能够为建立于美德之上的共同体提供基础？要问的是，必须承认什么尺度，乃至什么对于作为理性存在者(Vernunftswesen)的人——注意不是作为单纯的人——是具有规范性的。而一如西方历史早先时代发生过的那样，理性存在者只能够具有神性的特征：在某物"超越"我们的意义上的神性特征。

我们记得，霍布斯和洛克在不同的优先性上追溯了基督教的上帝。他们还会关心基督教神学，因为他们能不将其用作思想的开

106

---

① 〔德〕卡尔-汉兹·施瓦伯：《安东尼·莎夫茨伯里伯爵——社交钟爱者》，第391页。

端，而是在成功表述了事或思之后把这种神学安排进思想的世界运作（Mundaneität）中，使之相应地发挥作用。所以霍布斯还会强调："耶稣是基督。"

接着我们可以想到，洛克的理性关系以尺度项（Terminus der Maβgabe），即以宗教主题结束。莎夫茨伯里正是把这个主题作为其事业的开端，紧跟在洛克的先行赋予之后，在那里寻找所谓的第一立足点。直接开始于神乃至神性，即宗教主题，必须在直接性的形式中寻访决定性的东西，这却是困难的。因为他追求的是世界性的意图，一如他的前人。他旨在建立有教养的公民社会，不带有奇迹信仰——他必须与基督教的上帝一刀两断。

莎夫茨伯里在他的开端著作中对基督教的上帝只字未提。他还是一贯地开始于"神性"（Deity），它是在抽象普遍意义上的神性，然而是在表语表述而非主语的表述中的神性。

这里已经显露，由莎夫茨伯里发展的具有神性的神与以前有神论的上帝有何不同。凭借单纯的历史学，即凭借众多解释可能性中的某一种解释，并不能阐明这种神性的神。只有通过理性关系建筑学的思才能揭示这一真正的差别，即对基督教的彻底的告别。此外，理性关系建筑学的思还可以让我们区分世界理性与自然理性。

斯宾诺莎，他位于这个时代开始阶段的自然理性形态的中间位置，也开始于神；他和莎夫茨伯里一样不关心基督教的上帝，甚至不关心他所信仰的犹太教的上帝。他的意图在于理解经过科学思考的、哲学的神①。他谈的是神自身。

---

① 〔德〕博德：《形而上学拓扑学》，第396页。

莎夫茨伯里开端的表语式表达与之相反，他并不关心神之本质（Wesen）的规定乃至于不关心去回答"神自身是谁?"，而是关心神对于完成世界理性的重要性。这里提出的问题是"什么是神性的?"或"我们用什么性质来描述神?"该问题的目标首先服务于造就主体，而造就主体首先在于要将神性的显现归于这个主体。

与此相应地，莎夫茨伯里将"神"理解为："凡以一切水准凌然于世界者，凡以趣味与精神统领于自然者。"(《论美德或功德》,36)他从人的"普遍赞同"，即人的一致意见中提取出这一定义。我们立刻看到莎夫茨伯里意识的特征：在对象和认识的关系中，对象是第一位的。

在这一点上他跟随霍布斯和洛克。他们都坚持经验的先行性；经验始终被理解为外部对象的经验；进一步说，这独立于各个世界理性形态内部的不同秩序。

于是，我们不与自然科学意义上的认识打交道，而是与"意见"的统治（Herrschaft der "Opinion"）打交道，"意见"对政治生活是基础性的。起支持作用的是意见，而非科学的知。

意见服务于作为共同体公民的人的相互理解。霍布斯和洛克已经对这一点加以重视。

莎夫茨伯里的开端，其认识对象，是作为最高存在者（Wesen）的神性。一种至高的力量，它给予世界整体秩序，使世界整体变美。"我"出现在第二位。首先世界必须在其美中被经验到。莎夫茨伯里自己说：思想和表达的正确性、礼仪的完善、好的生活方式及每一个完美的实现，这些仅仅源自对至善者的检验和经验（《论激情的书信》,317f.)。这种美首先并不是我创造出的，而是已经作为对象乃至处在对象自身之中，因为对象最初是神性的。

这最高的存在者（Wesen）是道德上完美的，在其慈善中"完美而普遍"（453）。不可能有相反的兴趣。它始终力求普遍的至善者。

莎夫茨伯里如何能达到这一判断？

他以选言的方式思考，即在非此即彼的意义上，以这种方式做出理性决断：如果神是起因并且是理性的，那么理性也在他所创的世界之中；他在起源上就与理性相关。因而进行支配的要么是因果，要么是偶然。世界要么是完满的，要么是不完满的。它要么是道德上完全善的，要么是完全恶的。后一种情况也可能推翻肇始者，它作为道德典范会可能变得无关紧要。

莎夫茨伯里不将神或诸神看成神本身，并且不依据诸神本质来分辨它们，对他来说，诸神只是冲着人作为世界的统治者才是重要的。康德也特别就此指出，莎夫茨伯里的哲学是一种实践的世界智慧[①]。

通过理性决断莎夫茨伯里为基本赞同创造了前提，它在公民社会中对承认秩序并把秩序贯彻到政治生活中来说最为重要。

这一理性决断具体在于：排除有关恶的神性及与之相应的世界的思想；通过研究魔鬼信仰，后续的步骤实现了这种排除。

出于经验莎夫茨伯里知道：因为这一世界的法则和统治的经验证明其公正和平等，可以推断出超自然的神性的秩序、善、公正和真理。（《道德家》，232）世界并非没有父亲。（《论激情的书

---

① 〔德〕康德："1765/1766 年冬季学期讲座安排通知"，第 311 页。

信》,356)莎夫茨伯里假定世界的肇始者,他是善的、神性的肇始者,因为他主张自由,自己创造条件的自由——首要的是人格的条件;恰恰是在这里蕴含着关怀世界的神这个假设。

我们可以企及的并非神性存在者(Wesen)自身,而是它的特性,因为我们意识到它的映照(Widerschein)即"自然"。莎夫茨伯里不把自然理解为纯粹的自然状态,即我们凭借感官直接感知到的状态,而是理解为经过理性中介的自然。它是服从神性精神的自然,由神性法则在整体中保持为和谐和秩序。莎夫茨伯里在颂歌中赞美这个自然(《道德家》,246 ff.),颂歌的宗教性一目了然。

他赞美普遍的神性,显现为自然的神性。它不是在一个特殊宗教的意义上,因而脱离基督教的宗教虔诚(Religiosität)。莎夫茨伯里的宗教虔诚是在神秘直觉(Gnosis)"至高存在"(Être suprème)意义上的诺斯替派的宗教虔诚。

莎夫茨伯里要求,最高存在者的实存必须直接明了,不需要科学论证的巩固。

与此相应,他的论证局限在较小的范围内。"至高的存在"(supreme being)就存在于此岸。它需要得到承认。对他的认识本身只具有次要的意义。神性自然直接打动人心:"噢,光辉的自然!至高的公正、至高的善!一切充满爱意的、一切美好的、一切神圣的!其美貌正在生成,伴着如此无限的恩惠;对其探究带来智慧,对其思量令人欢悦;其每个造物化出丰盈的景象,高贵而壮丽超出一切其他方式的呈现!噢,伟大的自然!天意的智慧化身!蒙恩的女造物主!抑或汝尊,施恩的神,至高的造物主!吾所祈请之汝尊,吾唯独敬慕之汝尊。之于汝尊,这孤绝、这居所、这田园的沉思默

祷是神圣的;同时,于思之和谐中获得灵感,不限于语词,在自由
的数字中,吾歌颂受造物之中的自然秩序,赞扬于汝尊之中分解的
美,一切美和完善的源泉与规则"。(246)

　　自然是"至高存在"的映照,作为实体的普遍"神性"的映照。
只有它对我们的意识开放。不显现,因而不对我们的意识开放的
(东西),莎夫茨伯里不抱兴趣。神性是抽象的普遍性。它具体普遍
地显现为自然。作为女造物主,自然确定而持久地作用于其自身福
祉所要求的东西,即善和公正。她居于万物之中。她通过神圣而不
受损害的法则推动整体的福祉。她流经万物,永不枯竭,提供持久
稳固的支撑。她驻留于自身,因此是实体性的。

　　单纯和秩序的美激起赞叹(234),因为它是对原始美的模仿,
人在原始美中观照到原型。(318)

　　神性具有"守护神"乃至"赋予灵感者"的品质。(276)他"以
卓越而神圣的精神赋予人生气"(286)。"赋予灵感者"或下属的自
然将原始的善的理念种在人们心中,人必然以之为前提,从而能够
全然赞颂和崇敬他。(《论激情的书信》,348)

　　因而神性对于我们正是创造性的乃至是原因性的。自然的诸
理念一旦吹入心中,人工的或我们中反自然的因素就不可能消除或
破坏它们。它们通过灵感来打动人。灵感是神性当下的真实感觉。
然而,必须把它与莎夫茨伯里称为错误的激情的神性当下的虚假感
觉区别开来;因为,二者所激发的热情是一样的。这里谈的感觉,
首先理解为纯粹动物性的,在与生俱来的意义上,换个词来说,即
直觉,也就是不具有任何的人工、文化或教养,作为较高类别的单
纯前感觉(Vorempfindung)(《道德家》,340),即"对公正和美的"

前感觉。

　　人有责任检验，诸精神所激起的感觉是否是神性的，激情是否是高贵而庄严的，或者感觉是否是败坏的，是否试图迷惑和欺骗。因而人将必须运用理性和健全的理智，冷静而公正地进行判断，不受任何过度的激情，迷幻的想象及忧郁心情的影响。

　　第一条认识必须是："认识我们自己，了解我们有什么样的精神。"从而我们能够评判他人的精神。抵抗虚假的激情乃至狂热，最佳对症药是自己保持在冷静，审慎而爽朗的情绪状态之中。(《论激情的书信》,374)

　　莎夫茨伯里的思考进而完全集中于人天生具有的诸感觉。

　　是什么赋予我们灵感？"自然之美"，它们向我们显现为"第一重美"的弱影。(《道德家》,318)这种美令人感动，使人迷醉，因为人观照到对第一重美的模仿。因为原型，人为之迷醉。因而，谈的不是单纯的感官对象，不是由冲动或单纯的享受所支配的自然——如此之自然也会是无神的——而是自然地由和谐、对称和比例均衡所规定的诸对象。(《独白》,286)人天生具有对这种秩序的感觉。

　　这种感觉导向一种洞见，即万物彼此联结在一个共同的系统中，整体是完美的作品。所有部分的同等有序、和谐与一致发生在道德中。(同上)

　　自然要求我们与它保持一致。人在这样的相互作用中教养自身与"世界之大一"相齐同。(《道德家》,256)具体意味着，培养善本身，依之而行，也就是说，与人所赞叹的自然之美相一致。(346)人的使命在于，如自然规定自己那样，每个人规定自己的世界。人应该鉴于自然或"世界之大一"来具有原因性，一如这二者对于人而具有原因性。

以这种方式，尺度具体呈现了自身：抽象普遍地从神性出发，具体普遍地经由自然到达人的具体使命，在自然达成一致时，把自己的世界规定为美的世界。

110
III. 由交谈、独白和说服所教养的思

这一尺度产生何种思？

如同尺度，我们首先在直接而抽象的位置上遇见思，其后莎夫茨伯里将一步步具体说明思并且给之以确定性。抽象地理解思，它并非某种在孤绝中独自存在的思，而是健谈的思、在交谈中直接激发的思。莎夫茨伯里反对刻板地忠实于某一特殊意见的教条主义（《风趣和幽默》，Ⅰ 69），因而尤其反对学院式的吹毛求疵的思。它不能说服人。思必须完成说服人这个使命，以便对于建立有教养的共同体是创造性的。

所谓的学者面临自我欺骗和自私自利的危险，危险的原因在于他们相信：他们有足够的理智并且能够自居为正确之思的专断者。（Ⅰ 70）他们也喜欢直接地结成派别，不能忍受丝毫的怀疑和不确定性。（《道德家》，30）这种在谈话和文章中的固执己见，使听者和读者身陷羁绊，无法培养出独立的判断。但是人们处于在谈话中相互给予自由的尺度之下。自己的思想必须能与其他人的思想产生摩擦。"自由地善意嘲讽，以得体的言辞置疑所有事情，允许在未冒犯辩论者的情况下解释或反驳任何论点，只有这些方面能够使人欣然接受思辨式的交谈。"（《幽默与风趣》，Ⅰ 69）正是这些手段，可

以用来检验理性。莎夫茨伯里把《道德家》中泰欧克勒斯（Theokles）和菲洛克勒斯（Philokles）之间的谈话作为典范，以此展现了这种共同的思。在《道德家》中十分清楚，尽管告别了学院式的思，却并未放弃所有方法。为维护社交而隐藏了方法。莎夫茨伯里谈到"秩序和方法的隐藏"（《杂想》，44）。

隐藏以高度艺术性的方式凭借自然的假相而实现，如同我们在那个时代的英式花园中所遇见的那样，通过单纯的自然生长的假相来掩盖花园精湛艺术的形态。

真实的交谈却区别于"好的对话伙伴"（good company）的嬉闹消遣。后一世界只给出了闲谈。与此相对，莎夫茨伯里设定"强健和果敢"（《道德家》，26），可以这样说，吃苦耐劳与刚正。"交谈"需要"规则和方法"（《杂想》，392）。同时必须注意礼貌，并顾及"好的对话伙伴"的敏感。

不这样如何达到意见一致？意见一致对实现莎夫茨伯里的意 111
图必不可少。

人面对自己获得自由；这是说：摆脱自己的成见，"在谈话中通过他人释放自己，练习倾听"。（《风趣和幽默》，I 70）这同样适用于对话伙伴。单方面的谈话只能够唤起激情，借助于怪相和重读而适合于欺骗。（I 74）演讲艺术一般来说也只是为了使人惊恐、振奋、迷醉和愉悦。对于那要把自己教养成为公民的人来说，适用的却是在这一行为中获得满足，达到教育的目的。（I 70）对此，合适的并非公共舞台，而是圈子。这里，人们可以享有那种彼此完全熟识的绅士和朋友间的自由。这种自由是拿起的，而不是被给予的。相互信任的朋友，他们具有良好的生活方式和教养，在谈话中并不倾向于互相表达偏见，表现夸张，盲目的热情，欺骗，虚荣和教条主义。他们的关系是对等的，不由单方面的权力决定。因而，莎夫茨伯里的思不像在霍布斯那里根本上是恭顺的思。

思的直接要素是诸意见的交换，莎夫茨伯里补充道："自由地运用我们的理性，练习相互的爱与友谊。"（《杂想》，178）这种友谊发生在一致赞同培养出"真正优雅的绅士"这个共同目标的人之间。

这里谈的是意见，意见交换中的思。这种思，符合神性的自然；也就是观念表象作为意见的形式得到澄清。意见的交换使社会中的意见一致变得容易。交谈并不局限于意见的交换。它更关系到，通过谈话中的摩擦培养独立的判断。

莎夫茨伯里反对抽象的思，反对在理论中建立思想的大厦。他主张在谈话中实现思。

意见以何种方式达到理性，进而达到正确性和可靠性呢？

只能够呈现在特定光线中的东西无法要求真理。真理必须可以从每一个视角加以考察；"在那些最重要的光线或者自然的媒介中，我们借助于这样一个来观察诸物，为达到彻底的认识，它就是嘲笑本身，或者是那种证明方法，我们通过它辨明任何倾向于在任一个话题中进行善意嘲讽的东西。"（《风趣和幽默》，I 107）人在对话中放弃他的自私的兴趣，"自私的聚谈也一并消失了"。一个全新的场景在滔滔不绝的"面对面"中敞开，也就是说，因偶然而发生，不带任何意图。若要评价这样一个对话，我们则不仅应该冷静并置身事外地评价所陈述的意思，还要如此评价陈述人的性格、能力和仪表。双方都不过是陌生人，我们无法对他们有偏爱，也不可以有

112 偏爱。重要的是排除自私的兴趣。这既适用于对话的观察者，也适

用于对话伙伴自己。于是必须注意：出于何种理由，对话伙伴这样或那样说；出于何种原则，何种知识储备，他们创造；他们具有怎样的理解方式（《独白》，100f.），更准确地说，他们有怎样的情思。

在对话中，每一个对话伙伴必须做好他的意见会遭受嘲讽的准备，必须做好仔细审视个人意见偶像的准备。座右铭必然是这样的：摆脱庄重的严肃。相反必须放入可笑这一尺度，任何严肃的思想必须经受得住它的考验。这种检验抵御怪相的欺骗，提供可靠性。但是，风趣若能有助于真理的探寻，它必须不仅在谈话中是诚实可靠的，而且在文字中也是如此。因而需要限制风趣。过度的风趣产生攻击性的效果，必须绝对避免它，特别是在政治中。只有考虑到人的理解力和可接受性，在人们践行过"仁慈和友善"之时，人才可能真正地被说服。

必须始终小心翼翼地阐明真理。谈话仍旧必须保持清晰并且给予思。不可以让朋友对真正的意图糊里糊涂。甚至在受伤害的地方，"风趣也是……它自己的对症药"。"自由和交往"，它们相互作用，"把风趣带向其真实的尺度"。正是在这里构成尺度：并非在对他人的恣意僭越中利用嘲讽，而是在对谈中运用嘲讽。必须排斥嘲讽的习性。

为实现自由和正确的思，诸感想（Sentiments）在交谈中相互冲撞。感想可以理解为比纯粹意见"多一点"。"感性经验"（Sentio）说的是，我所感受到的，在我的感受中扎下根来，并且为我现实所拥有。因此在德语中，感想可以被理解为"看法"（Ansicht）。诸感想的冲突却在彼此友善而礼貌的气氛中抵消掉了。这种礼貌产生出"善的教养与仁慈"，特别是在公民的意义上，这也顾及了他人。

这里遇到一个危险，人们相信自己具有良好教养，从而为自己的诸多看法所迷惑；因为人由此压制了自己知性教养的自由。对于自己的意见和看法，人必须乐于放手。"不确定性"有助于教养。只要人未从其判断的确定性中解放出来，他就不能达到批判性的判断，进而完成其教养。

只可能在社交的思中达到教养；防止理智的教条。就此而言，莎夫茨伯里超过霍布斯，也超过洛克，他为知性教养建议社交的训练。

知性之思必然向"习惯"发展，"习惯"必然向"理性的人"发展。"理性的人"是那积极运用所学的人。无论是学者的"文章"还是演说者的"讲演"都不可能教授理性。只有习惯使某人成为"理性的人"。"愉快地推理，我们无论如何会成为更好的理性的人。"

准则如下：自己进行知性训练，吸引他人加入其中。这也意味着，总是处在关于人类最高利益的谈话中，即关于"道德和宗教"。

113　　　在公开讲话中运用风趣必须有节制。公开发表言论不可以触犯他人。在公开场合中不允许以轻蔑或自我优越感待人。"好的教养"应该给人设立界限；不然这样的行为最终会破坏公共社会的和谐。

莎夫茨伯里强调要尊重和重视人类的"诸习俗和诸群体"，因此他反对不宽容，这种不宽容蔑视具有自身尊严的社会多样性，使人失语，剥夺人参与发表意见的权利。

莎夫茨伯里的理想是自由的"天下大丈夫"（der freie Mann von Welt），其社交最令人愉悦。他能够不抑制己见，尊重对话伙伴。

在诸多看法的交流中的相互关系之后，接着是实体性这个契机。在对话中得以践行的思需要进一步的批判性的检验，以走向合乎尺度的情思。

　　一个好的思考者必须同时是一个有节制的对话伙伴和严格的自我检验者。(58)在自我检验中，思驻留于自身(62)，它自己和自己打交道。就像德尔菲碑文所说的：认识你自己——应该说：区分你自己——人在自我对话中将自己划分为两个明显区分的人格：即划分为需要改善的人格和能够使人格改善的人格之"伴侣"①。这一区分令人想起蒲伯的思想："价值创造人，让人需要价值的，是其伙伴。"②

　　改善的目的在于，以完全另一种见解、以完全另一种理性和意志将自己教养成一个新的生命，准确地说，教养成"儒雅之士"(《杂想》，178)，他并非要改变诸物的本质，依照自己的心情去校正真理和自然，而是让真理和自然就是他所发现的样子，使他的兴趣和心情适应真理和自然的尺度(《独白》,206)；这恰恰是说，自身的教养在其完满和秩序中，应该与自然造物总体中的自然理性相符合。

　　天下大丈夫由"公共精神"——由"共通感(Common Sense)"所规定——，它只可能源于"群体感或同人类的友伴之感"(《风趣和幽默》，I 107)。为了教养自己成为这样的人——换句话说：自身

---

　　①　即指两个人格区分中的另一个人格。——校者
　　②　〔英〕亚历山大·蒲柏：《人论》(英/德)，由埃贝哈德·布莱德翻译，汉堡，1997年，第88页。原文前后诗句为：
　　You'll find, if once the monarch acts the monk,
　　Or, cobbler-like, the parson will be drunk,
　　Worth makes the man, and want of it, the fellow;
　　The rest is all but leather or prunella.——校者

与自身相区分——人必须学习掌控为自然所逼迫的喜好。思想必须深入分析喜好，对其做出判断。

分辨的力量自身是自然的，它只源于自然。(《道德家》,16)研究人的喜好促使人认识人性自然和人自身。(《独白》,297)

只有借助于谦虚，放下架子和真正的仁爱改善我们的品性，善意的劝告才起作用。(300)为此需要在自身中的思，它与自身打交道——在实体性的要素中。

114　　有三个层次的喜好：

其一是自然的喜好，以整体福祉为目标；其次是个人的喜好，仅以个人幸福为目标，最后这种喜好，既不以普遍福祉也不以个人幸福为目标，而是与二者相对抗，因而可称之为"不自然的"喜好。最后一种喜好使人陷入最大的弊端。前两者依其强度，时而道德，时而恶劣。

由此却无可争辩地得出结论：自然的智慧做了这样的安排，为普遍福祉而奋斗，并最终与之齐一，这既符合个人幸福，又符合每个人的幸福。(《论美德或功德》,314)

具体所指将在事的关系项中完整地呈现。在这里只提示这么多。莎夫茨伯里关注道德教化，"对价值和美德的意见"(《独白》,226)，精神的日益精纯，为改善"道德"而训练知性。

为避免或排除虚妄的信念、单纯的意见、偏见，为考量我们努力追求的目标和使命，除了辨别我们的喜好以外还需要检验我们的心境(Stimmungen)。

"由此研究人的喜好能够引导我们获得对人性的认识"(218)。对莎夫茨伯里来说只有哲学能够胜任，"(它)自然地优越于一切其他科学或知识"（同上）。

心境好的人思考其兴趣和优点，思考世界的诸观念，他对娱乐、财富、声望和生命等观念的思考完全不同于受坏心情或烦恼侵扰的人。冲着这一区别，人应该检查其"情绪"（Humours）。研究的方式必须是"自我检验"，也就是说，用"独白"的方法，个体以友好而体谅的方式与自己打交道。

"向世界学习"——说的是：一种基于同杰出人士交往的思维方式（232）——依据它，"关注我们自身，并冷静地检查我们自己精神和诸激情的脾性"（《论激情的书信》，346），这并不要求某种自我意识的理论，相反我们放弃了理论。于是每个人在正确的判断中是自己的师父。莎夫茨伯里把人放入与自身的关系中，这是因为自己的错误行为导致分裂。他将这种关系描述为医生与病人之间的关系。谁要成功治疗，必须果断，也要富有同情，懂得尊重，体贴周到。

这种谈话必须在隐微处进行，而非即刻公开，因为社会中的交谈容易变成多余而不必要的交谈。为去除思想的粗糙性（《独白》，54），让它成长，在进行自我对话的训练之前也不应该立即公布沉思的内容。

莎夫茨伯里尤其反对同时代神学家的思想，他们缺乏自我批评，缺乏优美的格调与风度。必须践行适度与克制，以此来代替吹嘘。因为一个好的思考者必须同时是一个严格的自我检验者和一个在如此孤独的方式中自始至终有节制的对话伙伴。（58）

我们当中的第二个人格不仅是医生，还是监督员。他应该关心意见的统一和稳定的情思。对于监督员有个危险，就是成为吹毛求疵和迂腐呆板的人，他们反对精神的爽朗和顽皮。这可能导致自卑和拘谨。因此必须进行公正的意见交换。

同样监督员必须自我考察，罗列其对"情绪、幻想和激情"的诸多经验。这里让人想起洛克，他列出了一张人的知性的清单。由此人能够挑战幻想，站在理性的一边。

莎夫茨伯里进一步规定心境：为了评判"自身喜好"，心境是不可或缺的。我们必须达到"好的幽默"，我们还应该在同样好的心境中思考神性，因为在"忧郁或坏的幽默"中我们将有危险，即我们把神性本质想象为恶的危险。（《论激情的书信》，346）"我们必须不只在平常的好心情中，更要在我们生命中最好的心情、最温柔亲切的情思之中，妥当地去理解善是什么，以及我们以这般掌声和崇敬归因于神的那些属性，它们意味着什么。"（同上）

如果将莎夫茨伯里的基调与霍布斯和洛克的基调加以比较，那么我们将确认：霍布斯的思开始于恐惧，洛克的思开始于担忧，而莎夫茨伯里的思想则开始于怀疑，它反而将我们引向好幽默的心境中，进而引向"我们生命中最好的心情、最温柔亲切的情思"这般心境中。

这仿佛是神性的心境，它要求对某些人假装的严肃性进行怀疑，他们在行动中为纯粹的自私自利所决定，相反要求超功利。（《风趣和幽默》，I 98）对财产的一切欲望，对洛克的社会还有影响，在这里就已经消失了。①

人在好的意图中思考却还面临其他一些障碍。要分辨"思考和

---

① 〔德〕博德："世界理性的运动"，第246页。

不思考的类型"，后一种"只不过懒于"思考。(《杂想》，348)

最糟糕的思考者是所谓的"半吊子思考者"(352)，他们在不思考者面前发表意味深长的讲话，言过其实地称他们会被思考所压垮。他们觉得最幸福的状态是从来不思考，不使大脑为研究或思考所纠缠与折磨。莎夫茨伯里反驳他们，认为从来没有过度的思考压抑他们，而是他们思考得太少、太过短暂，只肤浅地研究了最具重要性的诸事物——即社交生活的形态，而从未学会发心运用理性之思。

莎夫茨伯里的思突出地表现在交谈和自我对话的要素中，它使 116 人有能力判断，什么是正义和非正义，什么是可敬的，什么是可耻的。然而思仍面临危险："就算最终做出了决定，我们还是不敢坚持我们自己的评判，并且羞于承认确实存在可耻的和可敬的东西。"(《道德家》，348)

人经常缺乏勇气忠实于自己的判断，而倾向于在善的选择中跟随任一个突然冒出的念头、任一种当下的心情或幻想。因而人需要加强和巩固其判断。(同上)思在这一任务的完成中将变成因果性的思。

第三个要素是说服，进行论证的知性的说服，同样也是参与决定的心的说服。"基于合理的说服，将心献给明证的一方，并强化印象，这完全有助于理性。"(同上)

我们应该说服自己，在判断中，也在对真和善的应用中，毫不动摇。说服因而是创造性的。

莎夫茨伯里提到"说服"女神，她过去曾是诗艺、修辞、音乐以及其他此类艺术的母亲，她通过表达的适意令人心悦诚服。(《独白》,149）政治领袖曾采用过这种艺术。但是，莎夫茨伯里把自由判断的能力作为前提，他的说明是：这种判断不可能在于为第三方所说服，而是我们必须自由、诚实、明智、理性地自己说服自己、援助自己。仅以这种方式对每个人来说是真实财富的，并非他的幻想或心情突然激发的判断，而是人之本性从中得到满足的判断。（《道德家》,374）

因此，从交谈出发，经过自我对话，直至说服，具体呈现了相应于尺度的思。

IV. 成为"真正优雅的绅士"
或世界公民的教养

依据与美乃至自然相一致这个尺度，通过在思关系项中得以澄清的意见，实现了什么事？

我们能够在《论美德或功德》中得知，莎夫茨伯里根本上关心的事只涉及那有能力具有德性的受造物；这是说："使那种对价值和诚实的关注或构想，成为喜好的对象"（《论美德或功德》,70）——这种受造物就是人。人并非生而有德。

自然赋予人善，一如赋予其他"有情生命"以善（66），由此人不仅对其他人或其他受造物有益，对造化的善的整体系统也是有益的。

在这种善"之上"的却是"美德和功德"（virtue and merit）——它们是独一无二的事，是只可能以自然的方式为具备理性天赋的人所独有的事。只有人能够对感性知觉进行思考，按照和谐与不和谐、善与恶对之加以辨别（68）。他能够赞同一方，并且判定什么行为助益于一件善业（68 f.）。这件善业是整个人类的福祉，更准确地说：为"自由和人性"而奋斗。（《论激情的书信》，314）

莎夫茨伯里认为，"美德"正对于"功德"是原因性的。它首先是抽象普遍的。每个人自然被赋予"好的喜好"，然而——如我们所知——另一方面也被赋予不自然的喜好。他可能是个大恶棍，但总有一个人，尽管可能只在很小的范围以内，他在这个人身上展现出人性和慈善。于是可以得出结论，没有完全恶的人。因此锻炼美德适合于每个人。

莎夫茨伯里关注的核心是人的人性（Menschlichkeit），更准确地说：关心在举止态度中的人性，而在卢梭和康德那里作为主题的是人的人类（Menschheit），即为何这样的人类是人本质（Wesen）的人类，这不是莎夫茨伯里关心的主题。

莎夫茨伯里如何理解美德？它自在地是"指向正确和错误的道德客体"的恰当情思。（《论美德或功德》，86）情思必须稳定，从而能够产生"始终如一的、学习的意愿与决心"（82）。但出于何种理由我们应该锻炼美德？莎夫茨伯里并不关心对神性美德的观察、对它的认识或者赞扬神性存在者（Wesen），而是关心通过创造性的行动来进行美德的自我考验。（70）"倘若不是我们算得上善良，也就不会有对善的还算过得去的观念。"（《论激情的书信》，360） 118

人的使命在于，运用自然所赠予我们的能力（《道德家》，248），提升普遍福祉（《论美德或功德》，314），而我们的个人利益，也就是我们个人的福德，反过来又依赖于普遍的福祉。

　　人们被一个完美的理念（《独白》,264），或者被自然本身就有
的对秩序和匀称的感觉（《道德家》,164）打动。完美的自然创造了
人，所以人自己如此完美，从而发现整个自然的诸多完美。整体中
的善向我们展示自然的诸法则和秩序。尽管在人们通过契约寻求
公民联合之前，忠诚、正义、诚实以及美德就已存在于自然之中，
从另一方面来看，整体中的善也可以由我们产生出来。与顶级大师
或与普遍自然相齐一，我们能够创造一个整体，它在自身之中恰到
好处地保持平衡，在所有组成部分中恰如其分地进行安排和分类。
（《独白》,110）

　　这"第二次"造化（同上）旨在把"绅士"教养成为"艺术家"
（Virtuoso）——在文艺复兴时期用词的意义上——，"具有美德和
健全理智的人"（266）。

　　莎夫茨伯里假定后者是一位有教养的"真正优雅的绅士"，一
位"艺术和才智的爱好者"；——它接下来描述了一个教养的等
级——"例如已经见识过世界，了解过欧洲一些民族的风俗礼仪，
研究过他们的古物和历史记载；思考过他们的治安（Police）、法规
和宪法；观察过他们的城市境况、优点和装饰，他们最主要的艺术、
学科和娱乐；他们的建筑、雕塑、绘画、音乐，以及在诗歌、学问、
语言和会话中的趣味"（《杂想》,190）。"具有美德和健全理智的
人"，其出众之处在于了解激情的界限、准确的色调与尺度，懂得
情思和行为的崇高之所在，并且在自身中塑造出它们，能够分辨美
与丑、可爱与可憎。为此需要按照自然真正的尺度去塑造自身的趣
味，也就是说，以"在人类社会和自然的秩序中，什么是正确的"这
一点为依据。

在教养成为"具有美德和良好理智的人"之前，先认识自然，在其作品之中，并且认识无与伦比的天才。(《道德家》,324)如同神的精神是造化的起因，人的精神也是其教养的起因。精神的作用是形式(332)，它给予思并且能够说服。

形式让我们感觉到神性之美的力量(324)，换句话说：它使我们愉快地认识完美神性秩序的整体。没有与整体的关联，对象只是臆想为美的。因为对这种美的享受仅仅依赖于感官。

美与可爱从不在于材料本身，而在于获得形式的思想，或者在于精神的构造力量。(332)一切无精神之物招致厌恶；没有形式的材料是丑陋本身。(同上)

最高贵的形式是那有力量自己构造其他形式的形式。只有人 119 有能力做到这一点。鉴于已经构成的形式的质存在一个品级次序。它由人自身的形象引领，这一形象优先于由人塑造的艺术作品，如宫殿、花园、雕塑、绘画。

莎夫茨伯里于是得出结论，人能够以其自身的教养与自然的神性形态相齐一，人有能力达到它，与之相称，并能获得对这种美的享受。"我们无疑有幸成为原型"(336)，并且凭借我们的精神本身而变得富有创造力。莎夫茨伯里的这一思想与在我们历史的最后一个时代具有规范性意义的那些人的思想完全一致。

完美的艺术家在作为美德之作用的"功德"中找到对他的承认。这样的功德并不建立在时尚或掌声之上(《风趣和幽默》, I 124)，相反，即使行为不为人见闻，功德仍保持为自身。为了祖国的福祉而正派行动，只因此能够要求承认——这是莎夫茨伯里所关注的功德。如此可敬的行为没有对奖惩的预期，无论在此世还是在来世中，因为美德自己奖赏自己，恶习自己惩罚自己（《道德家》，152），因为这样产生的功德是神性的（《论激情的书信》，354）。功德本身经久不衰，并且驻留于自身（《论美德或功德》，202），人们还可以补充说：理性驻留于自身。

在功德中美德的两种作用合在一块儿。其一是通过交谈，反省，或参与到他人的善之中而享受善，另一个是愉快地觉悟到现实的爱，即应得的来自社会的尊敬和赞赏（194）。

是的，莎夫茨伯里还对美德的作用做了提升："它赢得最好的人的掌声和爱，甚至也从最坏的人那儿获得这些。我们可以公正地说，伴随美德的是对应得之爱与赞许的觉悟，它们来自整个社会，来自所有理智生命以及对于一切其他理智来说原始的某物。拥有心灵的这整个爱与诚实，则要按照自然，按照最高智慧的规定和法则而生活。"（202）

莎夫茨伯里所构造的事接着从相互规定的契机这里获得其完整性。思想再度开始于与生俱来的"对社交的热爱和自然的喜好"（《杂想》，174）。莎夫茨伯里关心共同体的建制，所以他认为对祖国的爱是"最高贵的人性，与人性最相宜"（同上）。

这指的是什么？莎夫茨伯里怀疑地觉察到，尽管英国人将许多事情都归功于他们的宪法，尽管在我们的地球上存在着比英国更美的地方，但是英国人却特别亲近他们的土地和气候。

土地总是一个，并且是同一个，没有什么特别的，与此相对，统治形式和政治文化已经持续地改善了。相应地，手足之情也不只涉及几个国家，而是关系到作为"大地母亲"的整个地球（181）。"一方土地的爱国者"这一思想无足轻重，因为土地的共性和出身的共

性一样并不促使公民共同体的建立；莎夫茨伯里决定性地关涉到这 120
一点。此外，这种思想容易导致对他者的蔑视。(186)

为了其思想的展开，莎夫茨伯里仍然赋予祖国这个概念至关重
要的意义。

他惋惜道，"祖国(patria)"这个概念在英语中并不常用，他以
其同胞对土地的特别而非理性的爱来论证这一点。因而同胞说的
只是"故乡"(country)乃至"故乡人"(countrymen)。他将祖国理
解为"本地共同体"(native community)(184)，由同胞构成，他们
具有一同生活和友谊的共同纽带(182)，也包括道德和社交的纽带
(178)。

毫无疑问，他关心有教养的"本地共同体"，这是自伊丽莎白
一世和光荣革命以来他的国家通过文明的政治发展所努力追求的。
在伊丽莎白的祖父执政时期，英国还处在无教养的"波兰"贵族风
格之中(184)，简直是中世纪的统治。同胞与宪法和文明共同体的
共同纽带构成莎夫茨伯里意义上的对国家的真实的爱。然而同时
代的人距此尚远。(同上)

如何赢得这一纽带？这个思考出于如下判断："我们是欧洲最
后一个野蛮民族，最不文明、最不高雅的民族。"为建立一个有教养
的世界，英国人非常适合把欧洲第一民族古希腊人作为榜样，并在
他们身上衡量自己，而非满足于自负的看法，沉湎于乡土气。(186)
古希腊人的功德在于，他们不仅做了诸多发明，而且还创造了"文
雅的艺术和科学"。希腊人征服了音乐，诗艺和其他不同品级的科
学，并推动竞赛，为了持续地改善它们，使之更加精纯，抵达最高荣
誉。(170)奥林匹克竞赛或科林斯竞赛也服务于这一目的。因此希

腊成了"所有民族中最高雅、最文明,并且是最博学的民族"(168)。

希腊人赞赏陌生民族的一切具有创造力和杰出的地方,哪怕最微小的(186),这一点也有帮助。旅行者的优秀品质——一如梭伦——是不知疲倦地离开家中熟悉的事物,去外乡学习。

因而英国人——莎夫茨伯里并不局限于他们——应该向希腊人学习:"在我们自身发现教养世界中称为品味或良好趣味的东西,这或许对我们是最有益的。"(188)

尽管自我对话或与自己交谈是必不可少的,人也必须先"和世界打交道"(同上)。莎夫茨伯里要求从单纯的"故乡人"成长为"与世界相交游"的人。这样的人能够学习希腊人教给他们的谈话艺术:"在风趣、艺术和睿智之事上,(学习)古代对话和博学辩论的最高礼貌和优雅。"(190)人们却并不能单纯地模仿它们。新人应该从中发展出谈话艺术、社交艺术。不关心这方面而更愿意投身研究昆虫生活或者偏爱收集贝壳的人,他们惹人笑话。(193)换句话说:"以收集为最大冲动的收藏家,正如仅以系统化为乐的哲学家一样,徒劳无功。"①

我们想起,霍布斯构建了政治物体,洛克确立了每个人类个体的财产安全保障。此外很清楚的是,莎夫茨伯里的思也以一件人的事业为对象;然而区别于前面二者的事业,莎夫茨伯里的事只关乎人性。

据此,最后要提出的问题是:政治物体中的人以何种形态达到成熟?与神性齐一的驻留于自身的状态是怎样的?以及人培养并

---

① 〔英〕罗伯特·伍特:《莎夫茨伯里伯爵三世——1671 至 1713》,巴吞鲁日和伦敦,第 341 页。

维护着怎样的实体？

　　莎夫茨伯里首先研究，如何在最好的可能性中来运用知性。只有在人的行为符合他凭借自然属性和禀赋所追求的东西的时候，他才能一直在最好的可能性中来运用知性。(192)如果他研究或认识他自己，研究或认识自然，以及他的生存所归功的真实社会和世界的统治，那么他就能够懂得这是怎样的实体。这种研究，人们称之为哲学，它会使人们在生活和风俗礼仪中游刃有余。(194)换句话说，哲学的意义在于提升"好的教养"的品级。

　　生活方式的圆成在于学习社交中的高尚得体之风和诸艺术中的美；哲学的全部是去学习人类社会中的正确之事以及自然与世界秩序中的美。(196)

　　这里我们看到一个等级次序，从"绅士"的良好生活方式开始，经过完满的社交，直至认识社会和共同体中的正确之事；这符合对艺术的研究，并完成一种认识，即懂得什么在自然中和世界秩序中是美的。因此人有义务——以其教养为前提——在恰当的尺度中维护社交，维护"交谈"。在交谈中，人培养他的实体，依靠自身的工作，因而实体是获得的实体。

　　具体来说，人应该将自己培养成"儒雅之士"(同上)。他具备"真正的哲学家"(198)和"见识过大千世界的真正优雅的绅士"这两方面的性格特点。追求"卓越之事，渴求正当的趣味，思考美与得体之物的典范"，为这种性格所独具。它由两部分组成：一方面是头脑和风趣，另一方面是心和性情。

　　与之相应的分别有其举止和独特的风俗礼仪："一方面依照同伴社交中的无拘无束和惬意消遣；另一方面依照人类和社会的最严

122 格的福祉"。两者带来名望和尊严,一个在自己的民族中,另一个在自然中。这样的人,他为自己的美好趣味乃至关涉我们的世界中何为美与高贵的判断力所指引。

如此之思居住在人格中,它必然总是保持为一个并且是同一个的人格:"但是这样的思居住在怎样的主体之中,这主体如何始终是一个并且是同一个人格。"(232)

如同霍布斯和洛克,莎夫茨伯里也关心人的意识,关心我将自己培养成谁的问题,而非关心意识的人,及我是谁或我是什么的问题。

将自己培养成在趣味中如此完美的人,感觉到自由,因为他的价值评价仅仅依赖于自己的趣味判断,依赖于他真正的自身。他不依靠其他人的趣味,也不依靠自己的诸想象,因而不依靠偶然。(242)他自己赋予了自己行为的准则。这样的自由带给他恒久的幸福和满足。(同上)

莎夫茨伯里的思想最终回到其开端,由此成全为完满思想的整体。公民赢得真正的完善,不仅在于他锻炼美德、友谊、正直和忠诚;而且也在于他生而为"宗教、虔诚、敬慕,并且慷慨地向产生自第一因的一切或者他坚信绝对公正和完美的诸物秩序奉上自己的心"(270)。

有教养的公民觉悟到"大一"(Great-One),觉悟到他与无所不包的体系的直接关联,以及对于他是尺度的秩序原则。他认为"大一"绝对公正和完美,因而任其精神与情思恭顺于它。

这就是在开始时作为尺度出现、在最后得以实现的"大一";事完成于此。

第四部分　休谟的位置

如果人们把目光投向后来的、新的世界理性形态的开端形态，即大卫·休谟的理性形态，近代早期世界理性的完整性会变得更加清楚。

迄今为止，休谟一直被看作洛克的后继者。这种思想的诱惑是可以理解的。但准确地看，休谟表达的是一种全新的思想。由此更清楚地显示出，在莎夫茨伯里所具有的世界理性的意义上，他一直被人们忽略。

在其作品《人性论》以及更成熟的作品《人类理解研究》中，休谟并非开始于思，这和人们过去首先会做出的假定不同，这种假定显然是把他放到洛克之旁或之后的原因所在。休谟开始于一桩事，由此他向人们表明，其计划具有全然不同的意向。在他这里，在事经过了尺度的中介之后，思处于结束位置。休谟的事是怎样的事？这取决于他所采取的哲学立场。因而，休谟在《人类理解研究》中开始于对不同哲学类型的历史考察，这和在第一部分修订之后的《人性论》中不一样。在这里，"历史的"含义已经完全在主导性的自我意识的意义上，下文将会进一步研究这种自我意识。

思的历史在这里是对象性的。它被打上这样一种区分的烙印，即教条哲学与怀疑哲学乃至理论哲学的区分、抽象哲学与实践哲学

的区分。在修订版中，为了简化，休谟将关于人的科学回溯到这种
两分，之前他做了逻辑、道德、美学和政治的划分。[①]由此，可以对
前面划分的两种哲学方式进行比较，凭借这种区分他开始了主题的
真正实施和完成——区分观念和印象。

哲学两种类型的对峙显示出清晰的走向，它们在这种区分中得
到演示。

一种方式把人看作为行动而生，通过趣味和情感的培养，追求
其生活方式的改善。在所有对象中，美德和正直是最值得尊敬的。

简明起见，那种哲学切入人的性情和感觉，因而借用诗艺和
126 谈话艺术作为助力。休谟列举了西塞罗、拉布吕耶尔和阿狄生这
些作家，视其为典范。莎夫茨伯里也可以算入这种哲学方式，尽管
休谟没有明确地提到他。在解释休谟的事之前，我们看到传达哲
学时与莎夫茨伯里艺术的联系，休谟把它称作"简明哲学"（easy
philosophy），与科学或精确的并且难以企达而抽象的哲学对立起
来，原因在于它"不仅需要优雅的趣味和敏锐的接受能力"，而且需
要"对内在建筑的准确了解，了解诸知性过程、情绪的游戏和情感
的各种类型。我们通过这些情感的类型来辨别恶习和美德。无论
这转向内部的研究显得多么困难，它对于要成功描述生活和习俗的
可见的外部现象的人几乎是不可或缺的"。[②]

抽象哲学的代表如"亚里士多德、马勒布朗士和洛克"，他们追

---

① 〔英〕大卫·休谟:《人性论》(英/德)，由泰奥德·利普斯翻译，汉堡，1989年，
引论，第3页。

② 〔英〕大卫·休谟:《人类理解研究》(英/德)，由劳欧·里希特翻译，汉堡，
1993年，第8页。

求学者和智者的赞同，要是能够发现或许有益于后代生存的些许隐藏的真理，便认为自己毕生的辛劳得到了补偿。(《人类理解研究》，4)这种抽象哲学的精神方向却无法进入实践生活。其诸原则也不易对我们的品行和行为态度发挥持久的影响。我们在此处已经听见休谟思想的怀疑特征，而不是与洛克的亲缘关系。人是理性生命，因此依赖科学。但他也是一个社交的生命——这里我们看到对莎夫茨伯里的暗示——一个行动的生命。

　　因而不应否认科学的意义，但科学应是人性的，它与行动、社交之生命建立直接的关联。休谟的呼吁是："要去成为哲人，但在你的所有哲学之中，要去成为一个人。"

　　休谟反对教条主义，教条主义开始于对象，对象作为观念是现成的。他站在怀疑论的立场上，以此确立自我意识，也就是不依赖对象，而是把对象思作"我的"，我始终在对象身上一道思考。相反，意识的外部对象被纳入自我意识。休谟正好怀疑这些外部对象。

　　在柏拉图和亚里士多德，还有普罗丁或者笛卡尔听来，这会是对哲学的侮辱。这里没有在理论(Theoria)中对人之存在的实现进行把握的一丝痕迹。休谟断定对人的限制是哲学最重要的主题，从而偏离了对象世界的诸原则，所以对理论的评价改变了。理论不再有自身的对象。我们不只是思考的生命，而且也是我们所思考的诸对象的一员。

　　就在这里，相对于所有其他对象，人这个对象似乎具有一个明显的优势。可以想起在笛卡尔的原则中的"我"与这里的"我们"——作为人的我们——之间的差异，更不用提与普罗丁的"一"和亚里士多德的神之间的差异。理论需要人的思考，对于休谟来说，理论的意义在于对实践哲学的有用性，对"简单的、人的"哲学的有用性。

哲学本身，对于休谟来说更接近："道德哲学"或"人性的科学"。这门人的科学是其他科学的唯一稳固的基础；我们所能给予这门科学的唯一可靠的基础在经验和观察之中。(《人性论》，4)因此，第一部著作的完整标题包含如下任务：

"关于人性的论著，它是一项尝试，在道德教化的诸对象之中采用考量乃至思考的经验方法，道德教化这里指人的行为态度，即把我们作为对象来思考。"

休谟首先关心准确认识人的思考的内在状态。他如何在先行的英国传统中看待这个主题，看一眼洛克的思想便了然。

对于洛克，理性(ratio)仅作为人的能力，和其他能力一样。这在主题上为解释信仰、为分清理性和信仰的不同领域做好准备。跟莱布尼茨的思不同，洛克并不以三段推理意义上的理性行为作为依据，而是以发现诸真理为依据。

鉴于经验的威力，休谟强调直接的洞见或直觉相对于一切推论知识的优势。这里理性掌管由经验而来的特定观念与判断的联系，以及特定判断之间的联系和协调。

休谟显然借助于洛克，我们看洛克在其《人类理解论》第二卷第一章中所问的："(心灵)从哪里获得推理和认识的一切材料？简言之，从经验而来；我们的一切知识建立在经验的基础之上，最终从经验中获得自身。"这种经验要么是"感知"——关涉外部对象，要么是"反思"——关涉我们的精神行为。

与莱布尼茨不同，休谟也赞同这个判定。在其《人类理解研究》

第二部分的第四段，他问，一切思量的基础是什么？与洛克一样，他明确地用"经验"这个词来回答。怎样的经验？如果问："所有我们涉及事实的推理或思考的属性是什么？"，那么恰当的回答似乎是：事实建立在因果关系的基础上。

如果再问，"所有我们涉及这种关系的思考和推理的基础是什么？"，那么人们可以一言以蔽之地回答："经验。"

不过这里必须指出一种区分。就休谟而言，对基础的追问尚没有结束，归根结底，基础应该理解为我们的知的基础。

洛克追问理性和知的基础，休谟则追问我们的理性行为的基础。这需要进一步的论述。他接着问："如果我们追根溯源，什么是源于我们经验的所有推论的基础？"这就包含一个新问题，其解答和澄清都会更加困难。休谟首先消极地作答：甚至在我们有了原因和结果的诸行动的经验之后，我们从这种经验而来的推论也没有建立在思考或任何其他理解过程的基础之上。积极地作答：一切源于经验的推论皆是习惯的诸作用，而非思考的诸作用。（《人类理解研究》，55f.）

思考的基础在因果关系中，推论的基础在习惯中。习惯以经验为基础，在因果关系的应用中形成。把握休谟的因果性主题，必须呈现其诸命题乃至"逻辑"所从属的关联，如果可以称之为"逻辑"的话。首先追问诸观念的起源。谈论"起源"（Origine），有别于"原因"（cause），这一直是世界性思维的一个标记。与洛克不同，休谟认为以前对所谓的天赋观念的攻击是没有对象的。

分析对经验的理解（Erfassen），其出发点不再需要由这种攻击所取得的正当性论证（Rechtfertigung）。但休谟的开端就不同于洛克。洛克开始于思，休谟开始于各种已经被思考的事物，思在这些思想中对象化了；这是观念。事，进一步说，休谟自己称之为事实，不是在"我思"意义上的思本身，而是由思本身所生产出的事。

这关系到诸意识内容。洛克研究单纯的意识，更准确地说，研究外部对象与我的关系，而休谟转向内部对象，即观念。霍布斯和莎夫茨伯里也首先关注某个外部对象，前者关注物体，后者关注某人在公共生活中获得的功德。这种关系一般来说适用于最后时代的世界理性 ① 的开启阶段。

在休谟那里，可以依据黑格尔精神现象学的秩序原则来看，事反而是自我意识之事。这是在根本意义上的评价，似乎至今没有得到足够的重视。相反，休谟一直被看作洛克的后继者，这不仅导致对休谟事业的误解，而且把莎夫茨伯里完全置于阴影之中，原因在于：进一步的发展，确切地说，在康德的影响之下，只对休谟之前的诸阶段感兴趣；而人们在那里就只看到了洛克。

休谟立足于自我意识，这意味着什么？对象作为外部的东西消失了。在自我意识中绝对没有什么会是外部对象，在这里对象是观念。我只看到"主我"（Ich）和"宾我"（Mich），并且首先从"宾我"着手。在我的观念表象中，我如何对于我自己而成为对象。观念表象在起源上得到重新评价。

在近代的开启阶段也关涉意识内容，因为，霍布斯所思考的物体也是意识内容，但它仍然保持为物体。要理解休谟思想所带来的彻底变革，这个区别是基本的。

---

① 即指近代的世界理性。——校者

相反，洛克并非在这个意义上是怀疑主义的；因为与外部对象的关系始终包含在他的思之中。而休谟扬弃了外部对象，为了驻留于自身（bei-sich-sein），不如说，为了自我满足，这一点有待稍后探讨。

人们将反驳，莎夫茨伯里甚至整个近代哲学都普遍地抱有怀疑的基本态度，具体说，针对学院的教条主义者。但是这个疑问并不特别关系到休谟（一方面）与莎夫茨伯里、霍布斯及洛克（另一方面）之间的区别，因为休谟研究历史，即由人所造的事实。我们在他那里没有发现对自然科学的解释。自然科学，可以说，整合到了伦理学之中，原因是它不再依赖于和外部对象的关系。

在自我意识的立场上，外部对象和我之间的关系不再有效，而是把在我们内部的观念、表象内容作为主题。诸观念是诸表象的对象，更准确地说：我的表象活动的对象，由此是自我意识的对象，或者由自我意识打上烙印的对象。

至于观念的起源，休谟保留了洛克的"感知"和"反思"的区分；但这个区分扩展到另一个区分，即对某物的理解的直接性与间接性的区分。他按照精神的领会的强度和活力的不同程度，区分"思想"或"观念"（一方面）与直接的"印象"乃至"感想"（另一方面）。属于后者的不仅有听觉、视觉或味觉等感知觉，也有"诸激情"，如爱、恨、希望或意愿。（18）印象比思想强大。它们也是原始的。对于理解，没有比印象更原始的东西。

在对上帝诸表象之产生的描述中，休谟的理性意图一目了然。这个表象依据精神在对自身行为的反思中发现的材料的无限升华。休谟要求追问：这个假定的观念是从何种印象中推导出来的？如果无法还原到印象，那么观念只是无意义的假定。

洛克区分"感知"和"反思"。休谟虽然接受这个区分是我们一切认识的源泉，但却与其世界性的前辈不同。在他而言，对于"感知"，与外部对象的关涉不是根本上的，对于"反思"，与精神行为的关涉同样如此。因而，休谟也采用新的名称。

不那么强烈和生动的"感知"，如对某物的记忆或对某物的期待，他称作"思想"或"观念"，而更有力量和活力的"感知"，他称作"印象"。精神抓住某物，对它的"心灵感知"的两种方式相互区别，依据"其力量和活力的不同程度"。最动人的思想也处在感官、感觉、心境或意愿的直接印象之下。

休谟用比思想更原始的印象来回答观念起源这个问题，接着探讨观念与观念诸原则的联系，每次关联可以回溯到这些原则：相似性，地点或时间上的关涉以及原因或结果。在这个层面上，观念可以是知的对象，知论证真理。

休谟在《人类理解研究》的第四章中解释"实际的事情"（matters of fact），他开始于一个区分。人类理性和研究的所有对象可以自然地分为两类，即"观念"乃至"观念的关系"和"事实"乃至"实际的事情"。第一类在诸数学科学中是主题。其命题由纯粹的思想工作得到论证，不依赖于在世界某处的实存。自明性一目了然。如果因为直接洞见"直觉地"或者通过论证确证了观念的内在联系，那么就知道它是真的，这是说，判定它为真。

什么是"实际的事情"呢？它们是观念吗？是真理吗？在莱布尼茨那里，对"实际"的"事情"（"factum" von "fait"）的谈论明显具有真理的意义，真理是作为切中实际的某物，只能在问题——为何如此而非其他——的意义上论证它。

洛克的思在因果性上涉及观念之间的关系，即观念表象的关系，对于上面的提问也无济于事。这一端倪并没有进一步发展。它只停留为单纯的名相解释。原因产生一个观念，所产生的是结果。"实际的事情"首先是"观念"。没有在观念化之外的事实，这是说，如果想到对象，总是发生向观念的转化。

考察诸观念，必须看它们是否包含事实。休谟说：必须去除其他一切，因其误导性。没有事实依据的文字和思想所说的一切都"扔进火里"（193）。

事实没有和"观念的关系"同样的自明性。任何事实都可能有反面。对于人的本质真正有推动性的问题是这样的：通过怎样的自明性可论证事实之知，也就是可证明它是知？追问的自明性，可以在感官证明的彼岸，在依赖于感官证明的记忆证明的彼岸找到它。（36）追问如此之彼岸必须鉴于知的特性，知不仅知道如其是（wie es ist），而且也知道如其应是（wie es sein soll）。只有当对象绝不会表现为其他情况时，这种知才是可能的。一个事物与另一事物的关涉用比较的方式，事物之观念的相互比较无法超出感官和记忆的自明性。为了能够比较，一个事物必须与另一个事物同样直观地存在。

似乎只在因果关系的情形中，一种不同的抵达方式才是可能的，就此而言它和原因或结果联结起来。抵达一个或者另一个的方式会是推理（raisonnement），单纯的知性活动。只有当两者中的一个必定作为"实际的事情"，作为事实而在场，才可能联系到另一个事实。

　　休谟反驳道："对因果关系的认识并非——绝非——经由推理而先天地达到；相反，完全从经验中得出，具体地说，在我们发现任何特殊的对象持久地相互联系的时候。"（37）从某个特定事实无法直接联系到其他的特定事实。相反地，必须从经验中得知两个事实，如果人们因它们持久的共同出现而规定它们互为因果的话。

　　就像大家知道的那样，康德觉得休谟之于因果性的批判对他自己的深入而完整的批判起到决定性的推动作用。

　　与休谟不同，霍布斯、洛克和莎夫茨伯里利用因果关系证明在事实彼岸的事：世界经由造物主之手得到理性的建制，他们以此为前提，而对于休谟来说这个结论是不可靠的。他反对一种形而上学、一种科学的可能性，这种科学作为万物的始因考察不可能是经验对象的某物。因果并非经由理性，而只通过经验来发现。（38）人尽管可能具备相当的理性，但不可能从水的流畅和透明发现水会使他窒息；也不可能因为火的明亮和温暖发现火会灼伤他。（37）只可能在可知的各个经验中发现和论证这种关联。得出这一结论却并非逐一考察事例，因为有些联系是通过习惯的力量建立起来的。这种习惯做了隐藏，（让人觉得）这个或那个观念并不依据经验。

　　习惯的影响是这样的，在影响最强大的地方，它不仅隐藏我们自然的无知，而且也隐藏自身。（39）习惯是隐藏的力量。其强力正在于隐藏我们自然的无知，无知对于有限的知性是自然的，就它天生地空洞，只从经验和印象出发获得对象而言，另一方面也在于隐藏自身。是习惯这一隐藏无知及其自身的力量，而非知性自身激发我们从经验中得出结论，即依据这种或那种事实在因果方式上的表面必然性来推断未尝经验到的东西。知性开始独立而专断地从已经验者推断出尚未经验者，因而实际上只推断出了所谓的事实。

知性掩盖自身的有限性，这不仅是宗教的开始，而且首先是形而上学意义上的哲学的开始，形而上学是作为诸始因和起因的理论。

如果某个观念是某印象的抽象摹本，其他观念的关系也必定是抽象的，它随着不断增强的抽象越来越远离知识的源泉，这一源泉只可能基于经验。"如果我们在所有经验之前进行推论，单纯考察不依赖于任何观察的任一对象或起因，如它对我们的精神所显现的那样，那么这一对象不可能给我们带来不同于它的对象的概念，比如它的作用，更别提呈现二者不可分割、不可触犯的关联。"（42） 132

由此得出：休谟认为，由某特定事物的概念不能推出与之相区别的事物的概念；一个事物过渡到另一个事物，这并不依据另一个事物的概念，而仅仅依据两者的经验才是可能的，可从中得出诸概念。

习惯具有双重意义。一方面，它具有先前描述的掩盖特征。另一方面，它是"人类生活的伟大指南。只有这条原则，可以使我们的经验有益于我们，并且可以让我们对未来期待一个类似于过去经历的进程。要是没有习惯的影响，我们除了当下直接呈现于记忆和感官的事实以外，就完全不知道其他任何事实。我们会永远不知道如何让手段适应于目标，也永远不会运用我们的自然力量产生任何结果。要是没有习惯的影响，没有它出自经验推断的推动，那么一切行动都将立刻停止，大部分的纯粹理论也会中断"（57 f.）。

　　习惯的力量推动知性推断性地超出直接被给予者，并设想未来之物；它是在实施完成计划意义上的行动的基础，也是人所固有的行为态度的基础。

　　回顾如下问题：通过怎样的自明性可论证事实之知？也就是，鉴于知的真理及其可判定性证明事实之知？休谟的思想在回答这一问题时与新的哲学相衔接，这种新的哲学恰如哲学传统将真理突出为哲学的本有之事，其两个主要标志为：完整性和可靠性。

　　就知的完整性而言，它的规定并不在被给予者的意义上，而在实存者的意义上，这是说，在可能的经验对象之观念的意义上。鉴于知的可靠性，它并不受必定在一切被给予者之彼岸的给予者影响，而是为认识者本身必然要求的自明性乃至确定性所规定。对休谟来说，出于习惯联系某特定观念，由此不仅预料到某个事实，即想起某个内容，而且同时产生对推论之可靠性的信赖。这一信赖进一步与某推论之事的实存相关，恰恰关系到它应该是事实而非单纯的想象。于是相信，推断出的他物的实存对应于特定的现象。相信，源于感觉的直接性伴随直接的印象。习惯的力量承担这种感觉。

133　　无法定义这种感觉，人们只能描述它。"我认为，相信只是对某个对象的更加生动、活泼有力、坚定、牢固的把握，这是想象独自无法获得的。"（61 f.）

　　如果出现诸多同类事件，并且同样的事件总是跟在同样的对象之后，我们则开始使用原因和联系的概念。

　　于是我们感受到一种新的感觉或印象，也就是在思想或想象中某一对象与其惯常伴随者之间的习惯性关联。只有同类事件的积累才传达这种感觉，而这种积累在概率上已经是决定性的了。

凭借相信而承认的真理，它依赖于理解（Erfassen）的强度和牢固性，这里，牢固性让人想起联系的习惯，即联系想象之物与当下印象或忆起的印象。由此得以解释事实之知的真理及真理的可判定性，休谟得出结论：这种相信所特有的真理是概率。这种知总有着较高或较低的概率（109），因为知保存在其推断的结果之中，推断有赖于经验的证明。事实之知因而不可能在普遍性和必然性上确凿无疑："相似的对象持续共存，由一个对象推断出另一个对象，在这之外，我们没有任何关于必然性或联系的概念。"（99）反复强调事实之知看上去如此，并不是说它实际上会不同；而是有限的认识，人类的理解（Verstehen），恰恰被看作这样一种有限的理解，它在可能性上不同于空洞的，不可判定的可能性。

休谟的最后一步，可以说，在对因果性概念的分解中，从批判必然联系的观念出发，到批判必然性概念本身，并且在它处于自由的对立位置上。这一批判进一步澄清了"伦理学"中的因果关系，关涉人的行动。

这给认识人的自由和上帝的慈善带来什么后果？

休谟说："如果观察某身体的诸多活动，它们中的因果关联，我们将发现，除了单纯地观察特定对象持久地组合在一起，精神习惯性地从某对象的现象过渡到对另一个对象的确信，我们的所有其他能力绝不可能使我们进一步认识这种关联。"（109）

"尽管有关人之无知的结论是对这一对象进行最严格检验的结果，人们依然强烈地倾向于相信，他们进一步钻研自然的诸力量，并且理解如原因和结果之间的必然联系。如果他们重又思考自己

134 的精神活动,而感觉不到动机和行动之间的此种联系,那么就乐于
假定,两种作用之间存在差异,一种由物质力量产生,一种源自思
想和洞见。"(109)由此认识到,有关必然性和自由的问题,"这最
具争议的问题,最具争议的科学,形而上学",始终成为争论的对象,
尽管它实际上只是一个关涉人之行动的虚假问题。如果不把原因
作为定义的一部分包含到与其结果的必然联系之中,则不能定义原
因。(113)只是因为诸物之间呈现出有规律的关联,我们才形成了
原因和结果的概念。只有这种关联通过知性引起推导,这推导是我
们有能力把握的唯一联系。

人之行动因而既不必然也不自由,一如身体的行为,无论如何
都不超过我们的理解的界限。

"只"把自由理解为:行动的力量,依据意志的决断,这是说,
我们若更愿意保持静止就能够保持静止;若更愿意运动,也就能够
运动。(同上)这种自由只反对约束。

这样的思想在"伦理学"的探求中导致虚无。"反对必然性、不
受限制的自由,跟偶然没什么两样",偶然并不表示一种真实的力
量,似乎它会在自然中随处显现一样。关系到强迫,自由则不再是
理性的规定。这样,休谟揭示出必然性和自由的纯粹假相,这个
假相是必须消除的,也因此辨别在身体领域和精神领域中的因果
关系。

对于休谟来说,"理性"不再使人从根本上区别于动物,因为
理性活动在直觉中有它的基础,甚至起源。由此得出:理性并不从
其自身出发是主人。

神性的理性也没有资格统治我们。"基督教真理对于我们所具

有的自明性不及感性真理的自明性；就算在我们宗教的创立者那里，自明性也没有更强，经过向门徒的传承，显然必定会减弱。没有哪个人在他们的见证中确立的信赖，比得上在自己感官的直接对象中确立的信赖（128）。"所以，神性意志及其智慧不可能规定我们借助于知性的行动。究竟是否存在一个上帝，这个问题无足轻重。因而，对基督教上帝的信仰完全取决于个人信念。

　　为阐明休谟的事就说这么多吧，我想在这项研究的范围内满足于此，因为它已充分表明，我们与一个崭新的、完全另一种哲学意图打交道。在其衬托下，公民近代早期的完满的世界理性形态更加清晰地显现出来。

　　为了完整性有必要提到，思之规定跟在事后面，这里休谟联系上莎夫茨伯里。后者谈论"功德"，某人在共同体中获得的功勋。对于休谟则相反，自我满足是自我意识的标识。对自身满意，是某人所能达到的最大功德（"个人的德行"）。"德行"是自我满足的根据，从中我孕育出对自身的满意。

　　因此，休谟从解释观念开始，观念是"我"的内部对象。他忽略对"我"的外部对象的解释，而在莎夫茨伯里那里，外部对象还曾是社交和"社会"。

　　休谟的理性形态通过展开批判之思获得其完整性，批判之思要求，尤其是道德必须打上批判的烙印。批判意味着，条件有待满足。已经在理论部分说明了条件：只有事实作为道德的基础得到许可。道德的指南，人的行动的指南只能从事实中吸取，而非从其他的可能性中，比如从上帝那里获取。

第五部分 结语

I. 霍布斯、洛克和莎夫茨伯里的
理性关系概述

1. 概述一：霍布斯

霍布斯以物体（corpus）为开端。如他在《论公民》第二版"寄读者序言"中所说明的那样，他自己决定体系的顺序，即《论物体》，《论人》和《论公民》，尽管《论公民》是他最先出版的。首先将物体设想为自然的，它对"感官"开放。所以不问物体的本质（Wesen）。只有物体的现象，严格地说，物体的性质是重要的。它们被认为是可计算的：加减，关涉和推理，因而是可以把握的。这对于通过普遍性来接受思想是决定性的。哲学计算物体的诸现象，把它们当作因和果。计算必须用符号执行；符号是语词，亦称作"小物体"。作为缘起性的和得出结论的思，语词必须得到准确的定义。

语言符号没有先行的规定，这种由宗教和形而上学去思考的东西。通过扬弃朴素的观念世界，霍布斯假定了一种现象的虚无。只留下物体现象的诸观念。这体现出他思想的这种设定的特性。霍布斯始终注意对人的权力和国家秩序有利之事物。顺理成章地，他在语言性上把人和动物区别开来。只有人能够设定话语的意义，然后计数、教学、命令。人为其需求所规定。最值得尊敬的是人工的需求，人作为公民归根结底是人工的产物。

在陈述人的能力时，霍布斯谈到社会物体，即人在契约中的相互关系。社会之外的人的自然状态是一切人反对一切人的战争状态，占有欲没有止境。人因此依赖于同他人一起进入契约。但必须放弃对一切事物的自法权利。所缔结的契约却不能永久地保障所有公民的安全。只有一个力量，即政治物体（corpus politicum）有能力保障这种永久的安全，它能够"用剑来执行"，即能够全面地实现这种安全。

这个缔结的社会处在一个人工的神——由人所造的具有最高权力（summa potestas）的"神"——的规定之下。它是国家或帝国（Imperium）。规范性的契约是奠立国家的契约。

国家不是现存之物，而是"假造的"、人工的人格。对于霍布斯 140 所要求的思，具有规范性的并非某种圣经的言辞，而是这个由物体发展而来的国家。这种思所关心的不是其他，而是公民义务的完成，因而必然为一种恭顺的思。主权者（Souverän）的权力必须是不可争辩的。因而罗马教皇参与权力——他[①]谈到了黑暗王国——是不可能的。这样很清楚：对于霍布斯来说，并非宗教而是国家处于第一位并具有规范性。建立和巩固国家，避免暴乱和内战，这是他的意图。

---

① 指霍布斯。——译者

2. 概述二：洛克

洛克首先澄清，他要求何种思。在他这里有效的不再是霍布斯的恭顺的思，而是在理解意义上的思。他反对先于经验而有效的理性能力和诸原则，提出知性经验（Verstandeserfahrung）和知性的获取（Verstandeserwerb）。人的知性起初是空的；是没有写过的白板，因而也没有对上帝的观念。以往的思所立足的尺度被否定。对于思，重要的是对感知开放的、有限的经验。如此感知的自然现象只是思的起因，而并非尺度或根据。所以意见（Opinio）对于政治生活是基本的。经验材料需要加工——即反思精神的活动。如此获得的知以观念的吻合或不吻合为基础。牢靠的知对于人来说只在有限的范围内是可能的。因此必须从以往有效的真假辨别退回到概然性的大小，而这至少使得在实践判断意义上的寻求真理成为可能。这种知甚至应该优先于启示。在关涉国家的诸多事务中，人应该自己思考，也就是说自由地并且用算计的方式去思考，而非信仰。洛克因而要排斥激情和宗教狂热。

洛克着意构思的事是政治权力。在以物体性（Körperlichkeit）的人为开端时，他回忆起霍布斯那里由个别物体的需求所决定的事。在自然法状态中，每个人都是他自己人格的所有者，是其身体劳动和大地本身的所有者。人有资格在他自己能够需要和消耗的范围内享有大地的收成。不多生产，这很重要，因为多余的会腐烂。引入金钱，人能够在使用和消耗的基础上积累财富，因为金钱的优点在于不腐烂。自然的财产关系得到了转化。逾越这些法的关系则产生争议，所以需要保护它们。必须限制个人暴力。为此得到最高授权的是立法权,洛克将它与行政权区别开来。"假造"的人格不再是绝对君主,而是立法者,也就是法定政府。公民只是有条件地服从,绝对恭顺于君主及其继承人不再有效。公民只对由他们选举的代表所制定的法规有义务。他们可以反对,可以将这些代表选举下台。

财产关系最终由宗教尺度来保障。

洛克为他的思寻找依据——注意不是根据——由摩西十诫深入到基督戒律。只有为人的理解所检验,神性的戒律才具有约束力。洛克区分了神性的戒律,一方面是崇拜和民俗的部分,另一方面是伦理的部分。对于公民立法具有约束力并且有帮助的只可能是伦理体,即人们所说的伦理规范。遵守知性宗教,公民并非出自对教会或国家的恭顺而具有义务。相反,意见是关键,这里关心的是每个个体灵魂的救赎。它要求对诸多不同意见的宽容。宽容以国家和教会的分离作为前提。承认社会的凝聚,赞同法规,其根据只在个体的良心决断中。洛克的共同体由知性宗教所规定,这正是它的独特之处。

3. 概述三:莎夫茨伯里

莎夫茨伯里接过洛克的宗教主题,但改变了它。洛克在《新约》中寻找依据以巩固其思想,莎夫茨伯里却为一个全新的宗教奠立根基。他不再谈论基督教的上帝,而首先谈的是抽象普遍意义上的神性。基督教只表现为特殊的;即宗教崇拜(cultus)的特殊性。严格普遍的所在是普遍神性。它是给予宇宙秩序的力量,使世界美好的力量。莎夫茨伯里提到意见。他从关于规范性的神性的诸意见出

发，澄清神性本质的理性。如果神是起因，并且是理性的，莎夫茨
伯里这样推断，那么理性也统治由神所创造的世界。神性的品质显
示在其作为自然的映照中。自然又显示自身，一如它通过诸神性法
规在整体上维持和谐和秩序。自然的单纯与秩序之美激起人的惊
叹。为自然所推动，人看见这样的使命，在相互关系中培养自己与
世界的统治者相齐等，与"大一"相齐等，这就是说：鉴于人的共同
体的实现来培养自己。

　　与这个尺度直接相应的是在"交谈"元素中的思。交谈者的关
系是平等的，他们自由地抒发各自的意见。在对话中人应该放弃自
私的兴趣，甚至必须做好其意见遭到嘲笑的准备；但在玩笑批评的
意义上，绝不带有伤害的意图。谈话中他人"宽厚仁慈"的尊敬与
评价使必要的同意更容易达成。然后是在第二步中经受自我检验
142 的思，也就是说在自我对话的方式中。这关系到对自己情绪的掌
控。只有在"好幽默"中，人才达到可靠和良好的判断。这种心境
并非自己产生，而必须争取和培养出来。在第三步中会遇到人在其
判断中不够坚定的危险。因此他必须规劝和说服自己，忠实于自己
的判断，而不沉湎于个人的情绪和幻想。

　　人应当在与自然秩序的一致中培养自己，这构成了事。这样的
事即艺术家（Virtuoso）、世界公民，他通过人的品性的教养凸显出
自身。与其他生命体只能依靠情绪来行动不同，人能够反思感性知
觉，依据是否服务于善的事业这一点来辨别它们。而这个善的事业
是：为了普遍的福祉而行动。为此需要美德的持续锤炼和由此养成
的美好情思。艺术家在作为美德之作用的"功德"中得到承认。美
德奖赏自己。功德不仅令人自身享受善，也使人觉悟到自己所配得

上的社会的尊敬和赞赏。人之于自身的工作最终在对祖国的爱上、在对宪法和文明共同体的一致联结中得到完善。获得文明的共同体则必须向典范学习——学习在品级上作为"欧洲第一民族"的古希腊人。

向他们看齐，去学习陌生民族的优点——是的，他们甚至是可赶超的——从而成就完满的生活方式。完全并且始终与所承认的尺度和典范保持一致，即与作为"万物之秩序"（the order of thing）的神性自然保持一致来行动，在这样的觉悟中，有教养的世界公民驻留于自身。

II. 霍布斯、洛克和
莎夫茨伯里的思想动机

霍布斯、洛克和莎夫茨伯里在他们的工作中是由不同的动机 143
所决定的。他们的思想之路从一开始就有着不同的方向、结果和目的，并在整体上造成各自相互区别的理性关系。

为何霍布斯的思想基调是恐惧，而不说是安宁？无疑霍布斯为国家的内战所触动，也为政治上失去控制、人的个人生活遭受持续的威胁、生活必需品交易停滞不前这种境况所触动。而另一方面，对自然的恐惧似乎是他的天性。他后来在其传记中谈到，他的母亲"同时生了一对双胞胎，我和恐惧"[①]。对于我们的思想唯一重要的

---

① 〔英〕托马斯·霍布斯：《马姆斯伯里之托马斯·霍布斯先生的一生》，伦敦，1680年，第2页。

是，霍布斯将战争状态（Status bellis）作为思考的动机。战争状态是这样一种境况，其中只可能有失败者：一个共同体，"没有航海（对英国尤其重要），没有商品，没有文学，没有贸易关系，最糟糕的是，面临暴力死亡的持续的恐惧和危险……这是荒芜之人的生活，贫乏、卑污，如动物一般，短促易逝……是财产得不到保障的状况。"霍布斯将这种人的不幸的状况渲染到了极致，为了造就那种能够阻止不幸，更确切地说，能够去除不幸的秩序。

洛克的动机不像在霍布斯那里直接地是内战，而是由多余财产所引发的争执。就天性而言，人由无休止的前进（progressus ad infinitum）、总想得到更多这样的欲望所决定。这种需求当然违背理性；因为相同者的无穷反复——这里指无止境获取的无穷反复——是完全非理性的。所以不可以脱离人的需求来看待人。属于这些需求的还有，对民间和平的渴望，最高的是对享受安逸生活的期盼，培根称之为"生活的惬意"（commoda vitae）。保障这些需求，是洛克的意图。

最后，莎夫茨伯里为独一无二的人的思想所激发。他也反对"不幸的生活"。他说，没有"智者"希求这样的生活。他的思想不再由对内战的恐惧或者对争执的担忧而决定。争执产生于对多余财产的欲求。他碰到的是人的自私自利，"这种自私自利"在共同体中导致不合，并且不利于国家或者共和政体的福祉。被自私所控制的人，"为了自己而迷失，就好像他丢失了记忆和理智"。与此相对，莎夫茨伯里寄希望于人的另一种兴趣，即对社交和友谊的欲求。霍布斯认为，"为了正直地行动，人不得不有一个规定严格的政府"，莎夫茨伯里则确信人具有实现忠诚、公道、正直和美德的自然禀性，这些禀性通过人教养自身成为世界公民，成为真正优雅的绅士而得到完善和巩固。

III. 根本共性与区别

在《风趣和幽默》的第三部分第一段中，莎夫茨伯里说道，"对 145
于我们英国人来说，感谢上帝，我们拥有更好的政府，这由我们的祖先传承下来。我们有对公众和宪法的观念；了解立法和行政是如何形成的。我们懂得这种方式的制衡及其尺度，能够公正地分析论证权力和财产的平衡。我们由此得出的准则，如同数学公理一样清楚明白。日益增长的知识，向我们越来越多地展示政治中存在怎样的共通感（Common Sense）：它必然促使我们理解在道德中类似的感受；道德感是根基。"（《风趣和幽默》，I 108）

莎夫茨伯里的这些无疑自豪而感激的言辞，包含了最简明的对公民时代早期发展于英国的世界理性的整体上的描述、尊崇与评价。它并不涉及对历史状况的查证，而是关心对已经分别由霍布斯和洛克带来的理性思想的评价，以及此外还有什么事情可以让他去完成。

政治物体、保证公民安全的国家宪法、对法律及其可理解性与透明性的要求，都在霍布斯这里得到了阐明。

洛克摒弃了绝对君主制的统治形式而组建了这样的政府：它对公民负责，公民通过它最终自己统治自己。他勾画了权力的平衡，为财产的保障需求奠定了基础。

莎夫茨伯里所撰写的计划如下：政治实践中增长的经验已然形成了"共通感"。为了将这种共通感提升为概念，需要考察其基础；基础只可能是"道德感"（Sense in Morals），具体来说是人的"道德感"。"因为，若想一般地理解人的诸多风俗和公民之人的体性（constitution），必然要研究具体的人。我们必须首先将人看作自为的受造物，之后才把人放到社会中、放在与国家的关系中或者把他作为某个国家或共同体的成员加以考察。"（《道德家》, 24）

上述所有这些文字展现出了莎夫茨伯里的使命，他在对先于他的思想家霍布斯和洛克所完成的事业的理解中为自己设定了这一使命；这一使命又可在《人、风俗、意见和时代的特征》中发现，此书的书名概括了他的各项工作。

若在各个思想中考察共性和区别，我们将从莎夫茨伯里对其使命的表达中领悟到，他把自己理解为这样的人——希望加入到为创建典范的政治共同体而做出了完整贡献的先驱的行列中。莎夫茨伯里和他所尊崇的先驱所成就的事业，向我们展现了他的理性形态以及展现了霍布斯和洛克的理性形态。对于他们来说，普遍的目标是共同的，但只有作为结束之思想形态的莎夫茨伯里才能把这一目标看作整体的目标："但是关联由不同的人、秩序和人的等级构成；它不可感知，但存在于观念中；以对国家或共同体国家的一般见识或概念为依据（《风趣和幽默》, I 112）。"

具体来看，霍布斯、洛克还有莎夫茨伯里，都走了自己的路，他们设定并达到了各自特殊的目标。他们彼此间的矛盾也说明这一点。分歧不以经验为根据，而是基于不同的理性思想。所以，霍布斯不能证实人具有狼性，莎夫茨伯里也不能证实人天生地爱好善和社交。洛克同样证实不了人的知性是"没有写过的白板"；笛卡尔、斯宾诺莎和莱布尼茨也不能证实人的精神自然地被赋予原始概念。他们都只能将某个思想设定为真,把它规定为其结论和目的的基础。

他们中的每一位都以一种否定为前提：霍布斯这里是内战,洛克这里是因多余财产而造成威胁的争执,莎夫茨伯里这里是人的自私自利及其非理性的激情,它们在国家中导致不合。他们每次都各自以不同方式来理解的自然状态——现身显现的事物或天生的关系——为出发点,目的是打破直接的直观,从否定中以人工的、因而是可把握的方式催生出对立面。霍布斯的事是物体,它一开始被思作自然的物体,以便最终以人工的方式被理解为社会的物体。

洛克的事是人在其自然身体中的诸需求。满足它们则要求国家权力的人工调节,国家权力的根据是法律。就莎夫茨伯里而言,人被自然赋予对社交和友谊的冲动,不自然的喜好与之相抵。人因此需要教养自身——这是人工的工作——以使自己教养成为真正优雅的绅士。

一种思,即知性之思,把霍布斯、洛克和莎夫茨伯里联结起来。它在人的经验中有其根据,也就是说,每一次都考虑到一个外在于思的对象。这种思没有打上神学的烙印。

对于霍布斯来说,人的知性中没有哪一个观念表象不是已经整个或部分地产生于人的感官。(《利维坦》,11)对感官开放的是外部的物体或外在的客体。想象之物只可能是有限的东西。与此相对,上帝根本上是无限的和不可理解的。

洛克认为知性原始地是空的,如同"没有写过的白板",因此对上帝的观念也是空的。作为自然现象的自然是思的唯一源头。只有有限的经验对思开放。经验作为有限的,可以理解和把握,并且开启人与人相互理解的可能性。

147　　莎夫茨伯里也满足于知性之思的有限性。他通过研究对我们的意识开放的对象——自然,解决了必须开始于上帝的难题。知性能够发现自然的规律性、和谐与美,并且从中得出结论:造化作为映照符合造物主的完美与公正。

他们都反对学院之思。他们不训导,而是进行研究。结果他们都没有选择大学教师这一职业,而是,如霍布斯在德文郡伯爵家中担任私人教师,或作为威尔士亲王的私人教师,抑或作为弗朗西斯·培根大法官[①]的顾问;又如洛克曾是莎夫茨伯里大法官[②]的医生、朋友、政治顾问,后来成为他的秘书及其孙辈的教导者;最后如莎夫茨伯里作为英国下院的政治家,后来在上院积极地担负起政治职责。

霍布斯控诉学院中空洞的争论之风,它们仅仅用来提出个人意见,流于浮华。这种意见之争是没有究竟的,到头来不过一场空。

洛克也反对科学中的学究思维。它利用“罕见的、装模作样的、难以理解的语言,掩饰无知,阻碍认识”。

最后,莎夫茨伯里批判孤独中的思考,批判对特殊的意见的

---

① “大法官”德语为 Lord kanzler,对应的英语为 Lord Chancellor,又译为“御前大臣”。——校者

② 这里的“莎夫茨伯里大法官”指莎夫茨伯里伯爵一世(1st Earl of Shaftesbury),为本书所研究的哲学家莎夫茨伯里的爷爷。洛克早年担任过哲学家莎夫伯里的老师。哲学家莎夫茨伯里为莎夫茨伯里伯爵三世(3rd Earl of Shaftesbury)。——校者

青睐，批判缺乏能力去寻找和承受批评，并无法在彼此谈话中释放自己。以这种方式无法获得在公民社会中生活所必需的所有人的赞同。

他们三位目标一致：给有序的共同体提供稳固的基础和可靠的根据。因此，思想必须具有严格的普遍性，把一切狡狯的任意性排除在外。

首先服务于这一目标的是与基督教尺度的分离。这一思想需要进一步的考察，因为霍布斯和洛克仍然明显地把基督教思想作为主题，而莎夫茨伯里却完全不再把它用作主题。

霍布斯在其思想的秩序中开始于事，即物体。它是感性知觉的对象，且脱离一切宗教关系。尺度虽具有神性特征，却是可朽的，因为国家是人造的"神"。只有在思中我们才遇到被认为具有基督教特征的"共同体国家"。不过可以确信，基督教思想——已经在他的理性关系结构的最后位置——不再具有规定性，而只作为工具起作用。霍布斯首先关心的是国家中的公民的恭顺，它来源于对基督的信仰。

在洛克这里我们首先遇见思。它只和自身打交道，毫无疑问没有经过神学影响的中介。人的知性也对上帝的观念一无所知。此外，就事的基本构成而言没有上帝的言辞，事是政治权力。然而在尺度关系项中，我们遇到基督教的戒律，或者说，依照《新约圣经》中的启示而被给予的道德法规。就此而言，洛克的思想最接近福音。但我们必须清楚地看到，洛克也是在利用基督教；他根本上从保护财产和维护公民共同体的角度来关涉戒律或法规的约束力。

为了完整性还应该提及，在莎夫茨伯里顺带谈到基督教的思

148

想时，这一思想对于他仅仅表现为某种特殊的东西，对于理解他的思想不再具有普遍的意义。对他来说，严格普遍的所在是普遍的神性。

在拒绝基督教尺度的同时，霍布斯、洛克和莎夫茨伯里也冲击了神圣合法性的君主制原则。马基雅维利已经打破了君主的绝对权力。虽然霍布斯的做法没有保持前后的一致性；因为与洛克不同，他想要知道君主何以能具有最高的权力，但是他的国家和主权者的权威无论如何都建立在民众和主权者的契约之上，并且国家的权力摆脱了教会的权力和影响。

内战中人的不幸促使他创造了这样的思想产物，并在严格的普遍性中说明，必须催生出战争状态的对立面。因而他告别了旧的传统——依据这种传统，教会在皇帝或君主之中具有世俗的权柄。

洛克以知性之思的自由和由此得出的个人意见的自由开启了他的理性关系，以此为公民的自由开辟道路。在他所设想的国家中，公民虽然相互依赖，却彼此独立，最终进行自我统治。政府的权力建立在法律的基础之上，法律必须以普遍福祉为宗旨，在独立而正直的法官的监督下制定而成，它自始至终需要社会的赞同。财产为法律所保障。税收只有为民众所赞同才可提高。与霍布斯的立场不同，在这里政府可以选举轮换。

最后，莎夫茨伯里并不青睐某一政府形式。在他那里首要的是政府及其政务官的品性。政府应当合乎道德地、明智地、公正地进行统治。这样美德和法律也将在民众中受到尊重和喜爱。优秀政治家的理想体现在"儒雅之士"、"真正优雅的绅士"的身上，他必须具备作为典范的品质。其教养产生自交谈，同等者之间的自由社交以及对自己情绪的掌控。整个人类的友谊纽带联结统治者和被统治者。(《道德家》,42)公民与政府的正当且具有德性的情思承载起共同体。

最后,我们应该简要地概述霍布斯、洛克和莎夫茨伯里工作的基调(Grundstimmung)及其缘由(Ursache)。

最容易在霍布斯和莎夫茨伯里这两个端点位置上进行描述和论证。霍布斯的基调倾向于枯燥、沉重、阴森。对知性开放的物体——这枯燥的开端给霍布斯打上了此种基调。人因其狼性被假定为天生是动物性的。为了应对源自人之天性的危险——这个危险甚至可能导致内战,人必须放弃自然的自由,臣服于利维坦,无条件地遵从它。没有它,人无法正当地行动。但是,基督教的思想不能去除恐惧,因为它在利维坦中只获得工具的意义。

莎夫茨伯里的基调无疑是积极、温暖、明亮、柔和的。根本原因在于其工作的出发点。神性是第一位的,它不要求恭顺,而被看作十全十美的,它承诺给予人意见自由的权利。人生而为善,爱好交游。人的确有能力通过教养自身与自然齐等、与自然所创造出的"大一"一样美好。"绅士们"追求相同的目标,在"绅士们"的社会中学习,有助于人通向其道路的终点。

洛克的基调处在中间,如同他的理性关系的位置。若预先考虑过另外两个位置,人们将更容易确定洛克的基调;首先它表现得更加中立。若注意洛克理性关系的开端,人们会发现入口最为稳当地敞开自身:从摩西的、进而基督教的预先规定性中解放出来的思。其思想的整个进程一路呼吸着自由,直至抵达其终点。他认为思是"空白的白板",自始至终都处在自身中。它是自由的,它规定它自身。

IV. 世界理性的完满——对莎夫茨伯里之成就的特殊尊崇与评价

150 　　我们看到，每一个位置都达到其完满。但是如果现在放眼公民时代早期的理性形态之整体，我们则能够确定，随着思想之事的创生，霍布斯所开创的思想，经过洛克的位置，最后在莎夫茨伯里的理性关系中追求完满，理性关系的最后一个关系项再度显示为一个被创造出的事。

　　把国家理解和表述为物体的思想在紧随其后的洛克位置上得到了丰富的发展，在莎夫茨伯里的成就上达到最终的成熟，即达到了这样一个共同体：它不仅需要维护其公民的身体不受伤害或者保障公民财产，并且为了公民的强盛，它还要能够提供社交、美德和礼节。对此需要做说明。

　　我们在霍布斯理性关系的第一个位置上遇见事关系项。事关系项，从整体上看，它是三位思想家的主要关怀。在霍布斯那里，这是一目了然的，他在《论物体》《论人》和《论公民》以及《利维坦》这丰富的著作中勾勒出从物体到国家的路。

　　在莎夫茨伯里这方面也一样确凿无疑，最后的位置是事；因为人对自身的教养在世界公民的培养的各个地方都是主题性的，尤其是在《论美德或功德》《道德家》《风趣和幽默》中。

　　在洛克著作中出现了较为麻烦的情形，即如何发现他所展开的事是他计划的真正目标。因为，《人类理解论》的工作无疑占去了最大篇幅。然而可以断定的是，开启性的思关系项所做的是这样一种努力：它利用从基本的先行赋予中解放出来的世界性之思的成果去追寻一种政府思想，政府的首要目的是保护财产，它不再具有最高权力，而是处在公民的监督之下。

这件事构成洛克的中间关系项。它是思和尺度的中介。具体来说：思是知性之思，尺度是忠实于以基督教戒律为典范的法规。总而言之，事在霍布斯的思想中构成开端，在洛克那里构成中项，在莎夫茨伯里那里构成末项。

从中我们可以得出什么结论？

回答这一问题，我们应首先对照各个尺度关系项以及各个思关 151 系项。

尺度在霍布斯那里占据第二位，在洛克那里占据末位，在莎夫茨伯里那里占据首位。与此相对，思在霍布斯、洛克、莎夫茨伯里三位思想家那里分别是结束项、开启项和中间项。

我们如果假定开端、中项和末项构成理性整体，那么可以发现这个整体鉴于事关系项构造起来，但也只（nur）在这一个方面。事关系项得到了圆满实现。这是说，事从开始到结束不断变得更加精纯和充实，直至最后达到一个整体，即达到公民思想的整体。它在英国，在公民时代早期被创造出来。这意味着，只要霍布斯、洛克和莎夫茨伯里所展开的纵队中的其中一位落下，公民共同体的事之整体就不可能存在。因为如果一个国家，它保护其公民的私有财产，而人们却不具备莎夫茨伯里所思考的德性，那么共同体将会受到损害。如果国家关心对公民生存的保护，并且社会是交游欢悦的、民风淳朴的，但公民却必须处于让自己取得的财产长期遭受威胁的危险中，必须生活在暴力得不到控制的政府统治之下，那么共同体也会受到损害。最后，如果公民不尊重国家及其权力的话，也无法实现建立一个尽可能使公民过上幸福生活的有秩序的共同体的要求，即便财产能够得到保护，并且有很多富有德善之行的政治家，也无法实现这样的要求。

我们在整体上考察各个尺度和思，就会注意到，像在事关系项中那样的关系项的从属性并不存在，至少它们从属性的程度更弱，而且思想观念经历过更强的展开之后，不再能提出普遍性的要求。

霍布斯的理性形态由积极产生的国家物体所规定，它用最高权力装备起来，所以它——利维坦，不可选举轮换。

这一尺度未被洛克接受，而是获得全新的理解，即公民法规，它起初由摩西戒律、之后由基督教戒律确认其合法性。

最后，差别将一目了然，人们甚至可以说，出现一个排斥先前尺度的尺度。莎夫茨伯里这里所谈的决定性的尺度，不再是摩西戒律或基督教戒律，而是普遍意义上完全不同的神性。这里不能再谈论思想的补充或进一步的完善。

这同样适用于在霍布斯和莎夫茨伯里那里完全不同的思。如果霍布斯的思是由对利维坦的恭顺所规定的，那么莎夫茨伯里所展现的思则完全相反。他的思首先在社交中，之后在自我对话中，最终在完全从约束中解放出来的自我信赖之中。

152　　此外，洛克的思占据一个特殊的位置。在公民之思的整体上解释，它似乎是普遍的，从其重要性上来说并没有损失什么，而它所关涉的知性之思，或者经验之思，是那个时代的整个世界理性所独有的。

　　总而言之，每个关系项必定对这里所展现的世界理性的整体具有意义，无论是作为补充，还是从中引发出全新的东西。不过，没有一个关系项如同事的关系项那样让我觉得，思想追求并达到如此的完美和普遍性。因而有充分理由说明，霍布斯、洛克和莎夫茨伯里共同造就了公民共同体的事业，并且莎夫茨伯里完成了这个计划。就事而言，我们可在他的著作中找到最成熟的理解和表达。他能够以前人的事功作为前提，这样来思考共同体，即公民只有凭借自由教养而来的可信赖的情思才能获得真实的安宁与美。

　　霍布斯和洛克排除了把启示作为他们计划的尺度这一点。启示只具有服务或工具的作用，但总还是有这种作用。对于莎夫茨伯里来说，启示之于思想在总体上丝毫没有这样的性质。

　　就此可以认为，莎夫茨伯里以最纯粹的方式理解世界思想。他的"真正优雅的绅士"是"天下大丈夫"或者世界公民。

　　就其此后的思关系项而言，莎夫茨伯里注重"意见"，它可以在有教养的人中发挥作用，以便最大程度地达到判断的准确性，获得普遍赞同以及由此而来的说服力。这种思不知道霍布斯的恭顺之思，也不满足于洛克的计划所规定了的知性之思和每个个体的经验。

　　这个分别由霍布斯、洛克和莎夫茨伯里所造就的事具有普遍的意义。事为了思想整体而保持完满，因此它加入世界理性的思想之中，自身并不失去什么。而各项尺度和思不是这样。它们遭到改动和限制，失去其普遍的意义。莎夫茨伯里完全以前人发展的事，如国家和财产作为前提，并使之发挥作用，却改变了前人的尺度和思。因此可以鉴于事来谈论思想的完满，谈论共同造就的事。然而这并不适用于思和尺度。所以，人们将必定把这两个关系项的任务看作服务于事，事的生产既是霍布斯的，也是洛克和莎夫茨伯里的核心思想。每个思想都同样地对思想的整体做出贡献。

这个结论使我们通向这项研究的核心关怀。对于现代公民共同体的建制，霍布斯和洛克的意义得到了广泛的承认。相反，在这一关联中，概而观之，大家至今还没有看到莎夫茨伯里。这却可能意味着，他只被看作文学家和美学家，而得不到应有的尊重和承认，如果人们忽视，他是公民时代早期世界理性的完成者，公民时代汇聚了如下思想：创建国家、成立尊重法的政府、无条件地保护财产、把人教养为有文化的、作为世界公民的国家公民——世界公民因为人之行动的美而变得卓越。

V. 莎夫茨伯里和休谟

笔者的意图并非在其研究范围内全面展开讲解休谟的理性关系（Ratio），而是首先澄清："政治"思想对于休谟是否像对霍布斯和洛克那样具有同等的核心力量，霍布斯、洛克和休谟这样一个经典的排列顺序是否合理。在本书中休谟的理性关系的开端已经显示出，他有一个完全不同的意向。

比如说，他没有抓住洛克的结束位置的思想，也就是宗教主题，而是开始于一项独立的事，这项事业把他与霍布斯、洛克完全区分开来。他并不考察思想外部的对象，而考察内部的对象，也就是观念。思想转向内部。休谟并不想表达外部的政治思想，没有考虑某人在政治生活中获得的功勋，而仅仅关注对自身满意的功勋（"个人的功德”)。莎夫茨伯里——而非休谟——与洛克相联系，拿起宗教主题，这个主题的支柱仍旧在传统宗教上，莎夫茨伯里则彻底地转变了这个主题。

相反，科学把某种事物作为经验不可获取的第一性事物来考察，这对休谟来说是无法想象的。因此，是否存有上帝或者一种神性，这个问题无关紧要。习惯的力量诱导人们把观念联系起来，但这些观念并不一定依据经验，人因而容易误入歧途。

所以，在休谟的著作中，我们不再遇到对自然科学的解释。对自然的考察已经融入伦理学，伦理学不再依赖于同外部对象的关系。在霍布斯、洛克和莎夫茨伯里那里，外部对象是自然。相应地，只承认事实是人的道德行为的基础，不再有其他可能性，如神的范本，无论像它在《圣经》中的启示，还是像它在自然中可以被看见的那样。霍布斯、洛克和莎夫茨伯里虽然承认他们的思想创造仅仅是经验之知，但仍然使用神性来证实和巩固他们的世界理性形态。

就此而言，霍布斯、洛克和莎夫茨伯里的理性关联可以以如下的方式来澄清。

在一个完满的理性形态之内，结束性的位置在其开端接过并且转化上一个理性关系借以结束的关系项①，如果确实如此，那么，洛克的理性关系结束于尺度，紧接着它的便是这样一个位置，以尺度为开端。

然而如我们所见，休谟开始于这样一件事，即“实际的事情”。155 霍布斯也已经开始于事，就像前面详尽说明的那样，他走在洛克

---

① 〔德〕博德：《动荡》，第 XIV 页及以下。

前面。

在思想的秩序中，霍布斯结束于一种恭顺之思。思又由洛克直接拿起，批判并且加以转化。洛克的理性关系结束于尺度，即法规的合法认证。

是莎夫茨伯里——而非休谟，重新直接地关心尺度并且明显对它做了新的理解和表达。他的思和事是由神性规定的，神性显示在自然秩序中。

相反，休谟在构建了思和事之后才投身于他的尺度。他同霍布斯一样开始于事，他的事在其差别性中既给思也给尺度规定了另外一条道路，所以无论是霍布斯与休谟，还是洛克与休谟，都无法共有一个同类的理性形态。按照思想的秩序，休谟在霍布斯和洛克的形态中没有位置。

只可能由莎夫茨伯里来占据这个位置。只有他能够加入到公民时代早期的世界理性形态的行列之中。只有他使霍布斯和洛克的事业达到成熟，这项事业由霍布斯开启，并通过洛克得到进一步发展；一个完美的共同体，它对其公民提供保护和安全，财产和自由的经济活动，以及宽容，而且在这个共同体中公民为了德性、道德教化和所有人的福祉进行自我教养。

认为休谟跟在洛克之后，这是个很大的诱惑，因为他们的思想看上去属于同一类。但它们最多是相似，而非同属一类；因为休谟的思是由其任务的开端决定的；他开始于事，一件仅仅转向了内部的事，即观念。

还有一点：莎夫茨伯里从洛克那里接过了宗教，以此为休谟创造了基础，以便他能够彻底排除存留着的宗教残余。

VI. 公民自由的构想

如霍布斯、洛克和莎夫茨伯里所拟定的，公民共同体的根本规 156
定在于，它是维护自由的共同体。

这里谈论何种自由？

霍布斯所理解的自由是在社会物体中一切人的自由，摆脱生存
的危险，如战争、暴动和骚乱，通过缔结契约，用于自我保护的暴
力转移到一种世界权威即国家上。在政治事务上的其他权威阻碍
这种自由，因为它在争取统治地位时会种下不合。因而须中断教会
在国家秩序中的权力，严格分开国家与教会。

洛克已经在思关系项中发展了自由。这里我们遇到知性之思
的自由，以及由之而来的个人意见的自由。从对它们的承认中生长
出每个人宗教信仰的自由以及宽容的戒律。而洛克的事是满足公
民需求的自由。公民自由地享用他们的造物、金钱和财产。政府应
该保障这种自由。

最后，莎夫茨伯里的自由是统御不自然的、自私的以及无度、
无趣味的喜好的自由。莎夫茨伯里寄希望于人的其他喜好，即对社
交和友谊的冲动。人的自由在于，选择这种冲动，通过自我教养来
完善和巩固这种冲动。

使人能够过上安全而适意的生活，这是上述所有立场共有的普
遍目标。但侧重点有所不同。

霍布斯首先关心的是安全稳定的生活，没有暴力死亡的危险和
对它的恐惧。

洛克首先考虑对财产的保护和公民的经济福利。

最后莎夫茨伯里把自我享受与生活的安逸结合起来，"一种内在灵魂的安宁，它源于生活和风俗的一致，各种喜好的和谐，源于不再对犯罪和耻辱进行指责，源于对我们价值的觉悟，对我们为人类，为我们的社会、祖国和朋友建功立业的觉悟，这一切只建立在美德的基础上。为理性所统领的精神，充满仁爱和自然喜好的品性，对友谊的坚贞不渝，满是正直、亲善、宽厚、始终安宁、爽朗、

157 沉着的心。"（《道德家》，372）这一切为这样的公民所享有，他已经把自己教育成真正优雅的绅士。他完全摆脱了自私而粗俗的人的自身喜好，创造出人的品性。

总之，这一切构成一个自由的英国式的公民共同体。霍布斯、洛克和莎夫茨伯里为他们的公民准备了这样的礼物——享受外部的和平，享受由物质上的保障所带来的需求的满足，最后享受文雅社交的功德，它使一切井然有序。

VII. 结论

158　　上述研究导向对开头在前言中所表述的问题的回答：

1. 莎夫茨伯里构成了独立的——世界性的——理性的位置。

2. 他的位置是公民时代早期的世界理性形态的一部分。这个形态的开端位置是霍布斯的理性关系，中间位置是洛克的理性关系。

3. 莎夫茨伯里所思（das Gedachte）的独特性在于：它独自占

据了西方哲学史最后时代早期的世界理性形态的第三个并且是结束的位置。这个位置连带着霍布斯和洛克的所思而再次具有其独特性：只有在这个位置当中，公民共同体才被把握为一个完整的共同体。

值得注意的是，正是在这一哲学方面，莎夫茨伯里应和霍布斯、洛克处在同一品级。

VIII. 回顾

我们看到，霍布斯、洛克和莎夫茨伯里都关心：揭示自然，以 159 便能够认识自然的理性（Rationalität），想说的是："在其诸造物的总体中，包括通过理性觉悟到他的本质（Wesen），（因而意识到）他自身作为诸可能性之典范的人。"[①] 这些可能性本质上是诸对象的创造的可能性，这些对象以它们自身来表明自己是合理的（rational）。这些是人工的对象，人借助想象力创造了它们，然而作为合理的对象，它们能够作为与神性的自然秩序的合理性（Rationalität）相齐一的对象被创造出来，自然秩序的合理性是神性的。于是，霍布斯把国家，洛克把有约束力的法则，莎夫茨伯里把有教养的公民、为共同本质而创造的生活艺术的执掌者，作为神性在世之现象而孕育和构造出来。他们的要求是：他们的想象力的诸产物在其完整性和秩序上与自然在其创造之总体上的合理性相应。

---

① 〔德〕贺伯特·博德：《未出版的奥斯纳布吕克 2005/2006 冬季学期讲座：荷尔德林的智慧》，第一讲。

不只是模仿诸自然现象。不仅仅观察和发现自然现象，而是使自然变得精纯和完美，从而产生一个新的对象。它脱离了其环境——这里想说的是——脱离了自然的合规律性（Gesetzmäßigkeit），而与自然的合理性（Rationalität）相吻合。

在霍布斯和米开朗琪罗的思想中有一个不错的对照。霍布斯谈到把思想从其周遭环境中自由地开凿出来（Freimeißeln）。正如米开朗琪罗把神性的崇高的人体从石头中开掘出来那样，霍布斯把诸种物体——最后是国家作为规范性的物体——从其非差异性中解放出来。霍布斯说：秩序是现存的。只是必须发现它。"理性行动就像雕塑家的行动，去掉多余的材料，似乎效仿给予未成形者以秩序的创造。"

同样地，莎夫茨伯里把他在人的自身教养上的要求形象直观地描绘出来。他以花园为实例。最重要的工具是剪刀。用它剪修植物的自然生长，让植物更新，不过是在持续的关爱和管理下成长为由人规定的、有教养的形式。英国自然风景花园就依据这种思想。这种形式存在于合理的自然秩序中。必须开掘出这种合理秩序。这同样在人身上有效，人应该把自己培养成真正优雅的绅士——在温和友善的对自身的关爱中——始终与作为象征的剪刀为伴，以裁剪那——自私的——偏好于不可遏制的、不受形式约束的生长之激情。

参 考 书 目[*]

A

安东尼·阿什利·库伯,第三代莎夫茨伯里伯爵的原著

Standard Edition, sämtliche Werke, ausgew. Briefe und nach-
gelassene Schriften, hrsg. von Wolfram Benda, Gerd Hemmerich,
Wolfgang Lottes, Ulrich Schödlbauer, Friedrich A. Uehlein und Er-
win Wolff, ca. 21 Bde., Stuttgart 1981 ff.

《标准版,全集,精选信件和遗作》,由沃尔夫拉姆·本达,格
尔德·洛特斯,乌尔里希·舒德尔鲍尔,弗里德里希 A. 尤林和艾尔
文·沃尔夫出版,约 21 卷,斯图加特,1981 年及其后。

Bd. I 1[1981]: Soliloquy: or, Advice to an Author / Selbst-
gespräch oder Ratschlag an einen Autor; A Letter Concerning En-
thusiasm / Ein Brief über den Enthusiasmus; The Adept Ladys ··· In
a Letter to a Brother / Die eingeweihten Damen ··· In einem Brief
an einen Bruder.

第一卷 1[1981]:《独白或给一位作家的建议》(英／德);《论
激情的书信》(英／德);《心灵手巧的女士们⋯⋯在给一位兄弟的

---

* 本部分为译者所做。

信中》（英／德）。

Bd. I 2[1989]: Miscellaneous Reflections / Vermischte Betrachtungen.

第一卷 2[1989] :《杂想》（英／德）。

Bd. I 3[1992]: Sensus Communis: An Essay on the Freedom of Wit and Humor / Sensus Communis: Ein Versuch über die Freiheit von Witz und Laune; Instructions 1st and 2nd to the Printer and to the Engraver / Anweisungen I und II für den Drucker und den Kupferstecher; Rough Draft of 2nd Instructions; Additions, Emendations and Annotations to the first edition (1711) of the ›Characteristicks‹; Additions and Supplements to ›The Sociable Enthusiast‹ (1704) preparatory to the first edition (1709) of ›The Moralists‹.

第一卷 3[1992] :《共通感: 论风趣和幽默之自由》（英／德）；《对印刷师和雕刻师的指导一和指导二》（英／德）；《指导二未经加工的草稿》（英）；《对〈特征〉第一版（1711）的增补、修订和评注》（英）；《对〈社交钟爱者〉（1704）的增补——为〈道德家〉第一版（1709）作预备》（英）。

Bd. I 4[1993]: Printed Notes to the ›Characteristicks‹ / Anmerkungen zu den ›Characteristicks‹; Shaftesbury's Index to the›Characteristicks‹; Latin Authors quoted in the ›Characteristicks‹ / Übers. der lateinischen Zitate in den ›Characteristicks‹.

第一卷 4[1993] :《对〈特征〉的注释》（英／德）；《莎夫茨伯里给〈特征〉做的索引》（英）；《〈特征〉中援引的拉丁语作者／〈特征〉中拉丁语引文的德语翻译》（英／德）。

Bd. I 5[2001]: Second Characters / Schriften zur Kunst; A Letter Concerning Design / Ein Brief über die bildnerische Darstellung; The Judgment of Hercules / Das Urteil des Herkules; Plasticks; Raisonnement sur le Tableau du Judgment d'Hercule; Letters & Billets on Hercules; Plasticks (Draft); Projet d'une Espece de Portraiture moderne; Instructions to the Printer; Notes on Art; The Picture of Cebes; Greek, Latin and French Quotations in ›Second Characters‹.

第一卷 5[2001]:《第二部特征／关于艺术的著作》(英／德);《有关设计的一封信／有关雕塑艺术的一封信》(英／德);《对赫拉克勒斯的裁决》(英／德);《雕塑》(英);《对绘画"赫拉克勒斯审判"的论析》(法);《论赫拉克勒斯的书信》(英);《雕塑》(草稿)(英);《对一个现代肖像画类别的设想》(法);《对印刷师的指导》(英);《艺术笔记》(英);《齐贝的画像》(英);《在〈第二部特征〉中的希腊语、拉丁语和法语引文》(英)。

Bd. II 1[1987]: The Moralists, A Philosophical Rhapsody; The Sociable Enthusiast, A Philosophical Adventure.

第二卷 1[1987]:《道德家们——一支哲学狂想曲》(英);《社交钟爱者——一次哲学冒险》(英)。

Bd. II 2[1984]: An Inquiry Concerning Virtue, or Merit; An Inquiry Concerning Virtue.

第二卷 2[1984]:《论美德或功德》(英);《有关美德的研究》(英)。

Bd. II 3[1998]: Des Maizeaux' French translation of parts of ›An Inquiry Concerning Virtue‹. Eine Untersuchung über Tugend und Verdienst. Die Moralisten: Eine philosophische Rhapsodie.

第三卷 3[1998]:《德·梅泽尔对〈关于美德的研究〉部分章节的法语翻译》（英）。《论美德或功德》（德）。《道德家们：一支哲学狂想曲》（德）。

Der gesellige Enthusiast. Philosophische Essays, hrsg. und übers. von Karl-Heinz Schwabe, Leipzig und Weimar 1990.

《社交钟爱者——哲学随笔》，由卡尔-海茵茨·施瓦伯翻译和出版，莱比锡和魏玛，1990 年。

The Life, Unpublished Letters and Philosophical Regimen of Anthony, Earl of Shaftesbury, hrsg. von Benjamin Rand, London and New York 1900.

《安东尼，莎夫茨伯里伯爵的生活、未出版信件和哲学体系》，由本雅明·兰德出版，伦敦和纽约，1900 年。

Shaftesbury's Second Characters; or, The Language of Forms, hrsg. von Benjamin Rand, Cambridge 1914.

《莎夫茨伯里的第二部特征；或诸形式的语言》，由本杰明·兰德出版，剑桥，1914 年。

Several Letters Written by a Noble Lord to a Young Man at the University, London 1716.

《一位贵族写给一位大学青年的几封信》，伦敦，1716 年。

B
一手文献

Augustinus: Confessiones, in ders., Opera (Corpus Christianorum), Turnhout 1990.

〔古罗马〕奥古斯丁:《忏悔录》，收于他的《著作》(基督教文丛)，蒂伦豪特，1990 年。

Bacon, Francis: Novum Organum, Oxford 1889.

〔英〕弗兰西斯·培根:《新工具》，牛津，1889 年。

Berkeley, George: The Works, hrsg. von T. E. Jessop und A. A. Luce, London 1948 ff.

〔英〕乔治·贝克莱:《著作集》，由 T. E. 杰索普和 A. A. 卢斯出版，伦敦，1948 年及其后。

Chesterfield, Lord (Philip Dormer Stanhope, Earl of Chesterfield): Letters to His Son, London 1774.

〔英〕查斯特菲尔德勋爵(菲利普·多默·斯坦霍普，查斯特菲尔德伯爵):《教子书》，伦敦，1774 年。

Descartes, René: Discours de la méthode (französisch-deutsch), übers. und hrsg. von Lüder Gäbe, Hamburg 1997.

〔法〕勒内·笛卡尔:《方法论》(法／德)，由吕德·盖伯翻译和出版，汉堡，1997 年。

—— : Meditationes de prima philosophia/ Meditationen über die Grundlagen der Philosophie (lateinisch-deutsch), übers und hrsg. von Lüder Gäbe, 3. Aufl., Hamburg 1994.

——:《第一哲学沉思录》(拉／德)，由吕德·盖伯翻译和出版，汉堡，1994 年，第三版。

Herder, Johann Gottfried: Adrastea, in: Herders Werke, Bd. 10, Frankfurt a. M. 2000.

〔德〕约翰·哥特弗里德·赫尔德:《阿德剌斯特亚》,收于《赫尔德著作集》,第十卷,法兰克福,2000 年。

Hobbes, Thomas: Elemente der Philosophie I: Der Körper/ De Corpore, übers und hrsg. von Karl Schuhmann, Hamburg 1997.

〔英〕托马斯·霍布斯:《哲学原理 I：论物体》(德 / 拉),由卡尔·舒曼翻译和出版,汉堡,1997 年。

——: Elemente der Philosophie II: Vom Menschen/ De Homine; Elemente der Philosophie III: Vom Bürger/ De Cive, übers von Max Frischeisen-Köhler, hrsg. von Günter Gawlick, 3. Aufl., Hamburg 1994.

——:《哲学原理 II：论人》(德 / 拉);《哲学的要素 III：论公民》(德 / 拉),由马克思·弗利沙森–科勒翻译,君特·高立克出版,第三版,汉堡,1994 年。

——: English Works, ed. Molesworth 1839.

——:《英文作品》,由莫尔斯沃思主编,1839 年。

——: Leviathan, London 1651.

——:《利维坦》,伦敦,1651 年。

——: The Life of Mr. Thomas Hobbes of Malmesbury, written by himself in a Latin poem and now translated into English, London 1680.

——:《马姆斯伯里之托马斯·霍布斯先生的一生》,由作者本人撰写为一首拉丁文的诗,如今翻译为英文,伦敦,1680 年。

——: Opera Latina, ed. Molesworth 1845.

——:《拉丁文作品》,由莫尔斯沃思主编,1845 年。

Horaz: Satiren I, ed. Heinze, Berlin 1921.

〔古罗马〕贺拉斯:《讽刺诗集》,第一卷,由海因策编辑,柏林, 1921 年。

Hume, David: Ein Traktat über die menschliche Natur / A Treatise of Human Nature, übers. von Theodor Lipps, Hamburg 1989.

〔英〕大卫·休谟:《人性论》(德 / 英),由泰奥德·利普斯翻译,汉堡,1989 年。

—— : Eine Untersuchung über den menschlichen Verstand/ An Inquiry Concerning Human Understanding, übers von Raoul Richter, Hamburg 1993.

——:《人类理解研究》(德 / 英),由劳欧·里希特翻译,汉堡,1993 年。

Hutcheson, Francis: Illustrations on the Moral Sense, hrsg. von Bernard Peach, Cambridge, Mass. 1971.

〔英〕弗兰西斯·哈奇森:《对道德感的阐明》,由伯纳德·皮奇出版,马萨诸塞州坎布里奇,1971 年。

Kant, Immanuel: Kritik der praktischen Vernunft, in: Kant's gesammelte Schriften, hrsg. von der Königlich-Preußischen Akademie der Wissenschaften, Bd. V, Berlin 1913.

〔德〕伊曼努尔·康德:《实践理性批判》,收于《康德全集》,由普鲁士皇家科学院出版,第五卷,柏林,1913 年。

—— : Kritik der reinen Vernunft, in: Kant's gesammelte Schriften, hrsg. von der Königlich-Preußischen Akademie der Wissenschaften, Bd. III, Berlin 1904/ 11.

——:《纯粹理性批判》，收于《康德全集》，由普鲁士皇家科学院出版，第三卷，柏林，1904/11 年。

——: Kritik der Urteilskraft, in: Kant's gesammelte Schriften, hrsg. von der Königlich-Preußischen Akademie der Wissenschaften, Bd. V, Berlin 1913.

——:《判断力批判》，收于《康德全集》，由普鲁士皇家科学院出版，第五卷，柏林，1913 年。

——: „Nachricht von der Einrichtung seiner Vorlesungen in dem Winterhalbjahre von 1765 bis 1766", in: Kant's gesammelte Schriften II, Berlin 1911, S.303-314.

——: "1765/1766 年冬季学期讲座安排通知"，收于《康德全集 II》，柏林，1911 年，第 303—314 页。

Leibniz, Gottfried Wilhelm: De vita beata, in ders., Philosophische Schriften, Bd. 3, Berlin 1980, S.635-673.

〔德〕戈特弗里德·威廉·莱布尼茨:《论幸福生活》，收于他的《哲学著作集》，第三卷，柏林，1980 年，第 635—673 页。

——: „Judgement sur les Oeuvres de M. le Comte de Shaftesbury", in: Recueil de diverses pieces, sur la Philosophie, la Religion Naturelle, l'Histoire, les Mathematiques, &c., par Messieurs Leibniz, Clarke, Newton & autres Auteurs célebres, hrsg. von Pierre Des Maizeaux, Amsterdam 1720, S. 349f.

——: "对莎夫茨伯里伯爵先生著作的评断"，收于《哲学、自然宗教、历史、数学的片断汇编》，莱布尼茨先生、克拉克、牛顿及其他名作者著，由皮埃尔·德·麦佐出版，阿姆斯特丹，1720 年，第 349 页及以下。

——: Monadologie, in: ders., Monadologie und andere met-aphysische Schriften/ Principes de la nature et de la grâce fondés en raisen – Monadologie – Discours de métaphysique (franzö-sisch-deutsch), hrsg. und übers. von Ulrich Johannes Schneider, Hamburg 2002.

——:《单子论》, 收于《单子论和其他形而上学著作 / 以理性为基础的自然与神恩的原则——单子论——论形而上学》(法 / 德), 由乌尔里希·约翰内斯·施耐德翻译和出版, 汉堡, 2002 年。

——: Nouveaux essaies, in: ders., Philosophische Schriften, Bd. 6, Berlin 1962.

——:《人类理智新论》, 收于他的《哲学著作集》(第六卷), 柏林, 1962 年。

Locke, John: An Essay Concerning Human Understanding, hrsg. von Peter H. Nidditch, Oxford 1975.

〔英〕约翰·洛克:《人类理解论》, 由皮特·H. 尼迪奇出版, 牛津, 1975 年。

——: Ein Brief über Toleranz/ A Letter Concerning Toleration (Englisch-Deutsch), übers und hrsg. von Julius Ebbinghaus, Hamburg 1996.

——:《论宗教宽容: 致友人的一封信》(英 / 德), 由尤里乌斯·艾宾豪斯翻译和出版, 汉堡, 1997 年。

——: The Reasonableness of Christianity, hrsg. von John C. Higgins-Biddle, Oxford 1999.

———:《基督教的合理性》，由约翰·C.希金斯–比德尔出版，牛津，1999 年。

——— : A Second Vindication of the Reasonableness of Christianity, in ders., Works, Bd. 6, London 1824.

———:《基督教的合理性之第二辩》，收于《著作》，第六卷，伦敦，1824 年。

——— : Versuch über den menschlichen Verstand 1: Buch I und Buch II, 3. Aufl. Hamburg 1981.

———:《人类理解论 1：第 I 篇和第 II 篇》，第三版，汉堡，1981 年。

——— : Versuch über den menschlichen Verstand 2: Buch III und Buch IV, 3. Aufl., Hamburg 1988.

———:《人类理解论 2：第 III 篇和第 IV 篇》，第三版，汉堡，1988 年。

——— : The Works of John Locke, London 1824.

———:《约翰·洛克的著作》，伦敦，1824 年。

——— : Zwei Anhandlungen über die Regierung, hrsg. von Walter Euchner, Frankfurt a. M. 1997.

———:《政府论》，由瓦尔特·奥伊希纳出版，法兰克福，1977 年。

Luther, Martin: Vom unfreien Willen (1525), in: Luther Deutsch, Bd. 3: Der neue Glaube, hrsg. von Kurt Aland, 3. Aufl., Göttingen 1961, S. 150-334; De servo arbitrio, in Luthers Werke, Kritische Gesamtausgabe, Bd. 18, Weimar 1908, S.600-787.

〔德〕马丁·路德:《论不自由的意志》(德语)(1525),收于《德语路德》,第三卷:《新的信仰》,由库阿特·阿兰德出版,第三版,哥廷根,1961 年,第 150 至 334 页;《论不自由的意志》(拉丁语),收于《路德著作集》,历史考证版,魏玛,1908 年,第十八卷,第 600 至 787 页。

Machiavelli, Niccolò, II Principe (italienisch-deutsch), übers. und hrsg. von Philipp Rippel, Stuttgart 1986.

〔意〕尼可罗·马基雅维利:《君主论》(意大利语 / 德语),由菲利普·利浦尔翻译和出版,斯图加特,1986 年。

Platon: Sämtliche Werke, übers von Friedrich Schleiermacher u.a. Reinbek bei Hamburg 1994.

〔古希腊〕柏拉图:《全集》,由弗里德里希·施莱尔马赫及其他译者翻译,汉堡的赖恩贝克,1994 年。

Pope, Alexander: Essay on Man (Englisch-deutsch), übers von Eberhard Breidert, Hamburg 1997.

〔英〕亚历山大·蒲柏:《人论》(英 / 德),由埃贝哈德·布莱德翻译,汉堡,1997 年。

Rousseau, Jean-Jacques: Diskurs über die Ungleichheit/Discours sur l'inégalité, ed. Meier, 5. Aufl., Paderborn 2001.

〔法〕让-雅克·卢梭:《论人类不平等的起源》(法 / 德),由迈尔出版,第五版,帕德博恩,2001 年。

Stael, Madame de : Über Deutschland, übers. von Friedrich Buchholz, Samuel Heinrich Catel und Julius Eduard Hitzig, Frankfurt a. M. 1985.

〔法〕斯塔尔夫人:《论德意志》,由弗里德里希·布霍尔茨,萨缪尔·海因里希·卡特尔和朱利斯·爱德华·希齐格翻译,法兰克福,1985年。

Thomas v. Aquin : Summa Theologica, ed. Leonina, Rom 1888.

〔意〕托马斯·阿奎那:《神学大全》,由列奥尼纳主编,罗马,1888年。

Wieland, Christoph Martin : Besprechung von Herders Adrastea im Neuen Teutschen Merkur, 1803.

〔德〕克里斯多夫·马丁·维兰德:对赫尔德的《阿德刺斯特亚》评论,收于《新德意志通讯》,1803年。

C
二手文献

Alderman, William E.: „The Significance of Shaftesbury in English Speculation", in: Publications of the Modern Language Association 36, 1923, S.175-195.

〔英〕威廉 E. 奥德曼:"在英式思维中莎夫茨伯里的重要性",收于《现代语言协会会刊》第36期,1923年,第175—195页。

Boeder, Heribert: "Logotektonisch Denken", in: Sapientia 53, Buenos Aires 1998, S.15-24.

〔德〕贺伯特·博德:"理性关系建筑学地思",收于《智慧》(Sapientia)第53期,布宜诺斯艾利斯,1998年,第15—24页。

—— : Seditions: Heidegger and the Limit of Modernity, hrsg.

und übers. v. Marcus Brainard, Albany, N.Y. 1997.

—— :《动荡——海德格尔和现代性的限制》，由马库斯·布伦纳德翻译和出版，纽约的阿尔巴尼，1997 年。

—— : Das Bauzeug der Geschichte, Aufsätze und Vorträge zur griechischen und mittelalterlichen Philosophie, hrsg. v. Gerald Meier, Würzburg 1994.

—— :《历史的建筑工具——关于古希腊和中世纪哲学的论文和讲座集》，由格哈德·迈尔出版，维尔兹堡，1994 年。

—— : „Eine Bewegung der mundanen Vernunft", in: Abhandlung der Braunschweigischen Wissenschaftlichen Gesellschaft 48, 1997, S. 221-250.

—— : "世界理性的运动"，收于《布伦瑞克科学协会论文集》第 48 期，1997 年，第 221—250 页。

—— : Topologie der Metaphysik, Freiburg/München 1980.

—— :《形而上学拓扑学》，弗莱堡 / 慕尼黑，1980 年。

Brainard, Marcus: „Minding One's Manners: On the ,Moral Architecture' of Shaftesbury's Characteristicks", in: Bochumer Philosophisches Jahrbuch für Antike und Mittelalter 6, 2001, S. 217-238.

〔英〕马库斯·布伦纳德："介重某人的仪态：论莎夫茨伯里《特征》的道德建筑"，收于《波鸿古希腊和中世纪哲学年鉴》第 6 期，2001 年，第 217—238 页。

Cassirer, Ernst: Gesammelte Werke 18, Hamburg 2004, darin u.a. „Shaftesbury und die Renassance des Platonismus in England" (S. 153ff.) und „Schiller und Shaftesbury" (S. 333 ff.).

〔德〕恩斯特·卡西尔:《全集》第 18 卷,汉堡,2004 年,其中《莎夫茨伯里和英国的柏拉图主义复兴》(第 153 页及以下)和《席勒和莎夫茨伯里》(第 333 页及以下)。

Dilthey, Wilhelm: „Aus der Zeit der Spinoza-Studien Goethes", ders. Gesammelten Schriften, Bd. II, 6. Aufl., Stuttgart/ Göttingen 1960, S. 391-415.

〔德〕威廉·狄尔泰:"来自歌德的斯宾诺莎研究时代",收于他的《全集》,第二卷,第六版,斯图加特 / 哥廷根,1960 年,第 391—415 页。

George, Siegfried: Der Naturbegriff bei Shaftesbury, Dissertation, Frankfurt a. M. 1962.

〔德〕西格弗里德·格奥尔格:《莎夫茨伯里的自然概念》,博士论文,法兰克福, 1962 年。

Gizycki, Georg v.: Die Philosophie Shaftesbury's, Leipzig und Heidelberg 1876.

〔德〕格奥尔格·冯·吉齐基:《莎夫茨伯里的哲学》,莱比锡 / 海德堡, 1876 年。

Gough, J. W.: John Locke's Political Philosophy: Eight Studies, Oxford 1956.

〔英〕J. W. 高夫:《约翰·洛克的政治哲学:研究八篇》,牛津,1956 年。

Grean, Stanley: Shaftesbury's Philosophy of Religion and Ethics: A Study in Enthusiasm, Athens, Ohio 1967.

〔美〕斯坦利·格林:《莎夫茨伯里的宗教和伦理哲学:对于热

情的研究》，俄亥俄州的雅典，1967 年。

Metz, Wilhelm: „God and the State. On the Descartes-Hobbes Analogy", übers. von Barbara Simpson, in: The New Yearbook for Phenomenology and Phenomenological Philosophy III (2003), 255-263. Zitiert nach der (noch unveröffentlichten) deutschen Fassung: „Gott und Staat. Zur Descartes-Hobbes-Analogie ".

〔德〕威廉·迈兹："上帝和国家。关于笛卡尔—霍布斯的类比"，由巴巴拉·辛普森翻译，收于《现象学和现象哲学新年年鉴 III》(2003)，第 255—263 页。援引自(尚未出版的)德语稿本："上帝和国家。关于笛卡尔—霍布斯的类比"。

Parknadel, Felix: „Shaftesbury's Illustration of Characteristics", in: Journal of the Warburg and Courtauld Institutes 37, London 1974, S. 290-312.

〔英〕费利克斯·帕克纳德尔：《莎夫茨伯里对〈特征〉所做的插图》，收于《瓦尔堡和考陶尔德学院期刊》，第 37 期，伦敦，1974 年，第 290—312 页。

Ryle, Gilbert: „Jane Austen and the Moralists", in: ders., Collected Papers I, London 1971, S. 276-291.

〔英〕吉伯特·赖尔："简·奥斯汀和道德学家们"，收于他的《论文集 I》，伦敦，1971 年，第 276—291 页。

Sommerville-Large, Peter: The Irish Country Houses, London 1995.

〔爱尔兰〕彼得·萨默维尔-拉奇，《爱尔兰乡间别墅》，伦敦，1995 年。

Spicker, Gideon: Die Philosophie des Grafen Shaftesbury, Freiburg i. Br. 1872.

〔德〕吉迪翁·斯皮克:《莎夫茨伯里伯爵的哲学》,弗莱堡,1872 年。

Steegman, John: The Rule of Taste, London 1936.

〔英〕约翰·斯蒂克曼:《趣味的规则》,伦敦,1936 年。

Toland, John: A Collection of Several Pieces of Mr. John Toland, 2 Bd., London 1726.

〔爱尔兰〕约翰·托兰:《约翰·托兰先生的文集》,第二卷,伦敦,1726 年。

Uehlein, Friedrich A.: Kosmos und Subjektivität, Freiburg/München 1976.

〔德〕弗里德里·A.尤林:《宇宙和主体性》,弗莱堡 / 慕尼黑,1976 年。

Voitle, Robert: The Third Earl of Shaftesbury, 1671-1713, Baton Rouge und London 1984.

〔英〕罗伯特·伍特:《莎夫茨伯里第三伯爵,1671 至 1713》,巴吞鲁日和伦敦,1984 年。

Walzel, Oskar F.: „Shaftesbury und das deutsche Geistesleben", in: Germanistisch-romanistische Monatsschrift I (1909), S.416-437.

〔德〕奥斯卡·F.瓦尔策:"莎夫茨伯里和德意志精神生活",收于《德语−罗曼语月刊 I》,1909 年,第 416—437 页。

Weiser, Christian-Friedrich: Shaftesbury und das Deutsche Geistesleben, Leibzig und Berlin 1916.

〔德〕克里斯蒂安-弗里德里希·韦泽:《莎夫茨伯里和德意志精神生活》,莱比锡和柏林,1916 年。

Willey, Basil: The English Moralists, London 1964.

〔英〕巴兹尔·威利:《英国的道德家们》,伦敦,1964 年。

Wind, Edgar: „Shaftesbury as a Patron of Art", in: Journal of the Warburg and Courtauld Institute 2, London 1938, S. 186-188.

〔英〕埃德加·温德:"莎夫茨伯里作为一位艺术资助者",收于《瓦尔堡和考陶尔德学院期刊》,第 2 期,伦敦,1938 年,第 186—188 页。

Wolff, Erwin: Shaftesbury und seine Bedeutung für die englische Literatur des 18. Jahrhunderts, Tübingen 1960.

〔德〕艾尔文·沃尔夫:《莎夫茨伯里及其对十八世纪英国文学的意义》,图宾根,1960 年。

Wolff, Karl: Shaftesbury, Die Moralisten, Jena 1910.

〔德〕卡尔·沃尔夫:《莎夫茨伯里 —— 道德家们》,耶拿,1910 年。

Ziertmann, Paul: „Beiträge zur Kenntnis Shaftesburys", in: Archiv für Geschichte der Philosophie 17, 1904, S. 480-499.

〔德〕保罗·齐尔特曼:"有助于认识莎夫茨伯里的论文",收于《哲学史文库》,第 17 期,1904 年,第 480—499 页。

人 名 索 引

页码为原书页码，即本书边码

图书在版编目(CIP)数据

莎夫茨伯里的哲学：近代早期的世界理性形构 /
(德)路德维希·封·巴尔著;严岩译.—北京:商务印
书馆,2024
ISBN 978-7-100-23536-5

Ⅰ.①莎… Ⅱ.①路… ②严… Ⅲ.①哲学理论—
英国—近代 Ⅳ.①D561.21

中国国家版本馆 CIP 数据核字(2024)第 058206 号

莎夫茨伯里的哲学
——近代早期的世界理性形构
〔德〕路德维希·封·巴尔 著

严岩 译

谢晓川 校

商 务 印 书 馆 出 版
(北京王府井大街 36 号 邮政编码 100710)
商 务 印 书 馆 发 行
北京市白帆印务有限公司印刷
ISBN 978-7-100-23536-5

2024 年 4 月第 1 版 开本 850×1168 1/32
2024 年 4 月北京第 1 次印刷 印张 8¼

定价:49.00 元